HANDBUCH DER STADTGUERILLA

Carlos Marighella

HANDBUCH DER STADTGUERILLA

KALLISTO

– Bibliografische Information der Deutschen Nationalbibliothek –
Die Deutsche Nationalbibliothek verzeichnet diese Publikation in
der Deutschen Nationalbibliografie; detaillierte bibliografische Daten
sind im Internet über http://dnb.d-nb.de abrufbar.

IMPRESSUM

ISBN: 978-3752894615

CARLOS MARIGHELLA: HANDBUCH DER STADTGUERILLA

Ebenfalls gebräuchlicher Titel: ›Mini-Handbuch des Stadtguerilleros‹

Originaltitel: ›Minimanual do Guerrilheiro Urbano‹

Print-Originalausgabe, 2023 © by Kallisto®

Covermotiv: © Kallisto, auf Anfrage lizenzierbar

Editiert, teilweise neu übersetzt und mit Fußnoten versehen von © Joachim Andersen

Lektorat und Umschlaggestaltung: textkompetenz.net

Gesetzt aus der Garamond

Herausgeber: Kallisto® | kallisto@textkompetenz.net

Herstellung und Verlag: BoD – Books on Demand, Norderstedt

Dieses Buch gibt es auch als eBook, z. B. im amazon kindle Bookstore

INHALT

Vorwort des Herausgebers...7

HANDBUCH DER STADTGUERILLA 9

Vorbemerkung..9

Was ist ein Stadtguerillero?......................................10

Persönliche Eigenschaften des Stadtguerillero 12

Wie lebt und erhält sich der Stadtguerillero?........14

Die technische Ausbildung des Stadtguerillero 17

Die Waffen des Stadtguerillero 18

    Das Schießen: Die Existenzbasis................................21

    Die ›Feuergruppen‹ 23

Die Logistik der Stadtguerilla 24

Die Technik des Stadtguerillero 26

Merkmale der Techniken des Guerillakampfes....27

Die ursprünglichen Vorteile des Stadtguerillero ..27

    Die Überraschungstaktik 28

    Die Kenntnis des Terrains 29

    Mobilität und Schnelligkeit. 30

    Die Information...32

    Die Entscheidungsfreudigkeit....................................35

Aktionsziele des Stadtguerillero 36

Aktionsformen des Stadtguerillero..........................38

    Überfälle 38

    Der Banküberfall, populärste Art des Überfalls....40

    Eindringen in feindliche Objekte (›Invasionen‹) 41

    Besetzungen...42

    Hinterhalte 42

    Straßenkämpfe 43

    Streiks und Arbeitsunterbrechungen........................45

Desertion, Erbeutung von Waffen, Munition und
Sprengstoffen 46

Die Befreiung verhafteter Stadtguerilleros 47

Die Hinrichtung 48

Die Entführung 49

Die Sabotage 49

Der Terrorismus 51

Die bewaffnete Propaganda 52

Der Nervenkrieg 53

Wie Aktionen durchzuführen sind 54

Einige Bemerkungen über die Methode 55

Die Rettung der Verwundeten 56

Die Sicherheit des Guerillero 58

Die sieben Sünden des Stadtguerillero 60

Die Unterstützung des Volkes 62

Die Stadtguerilla, Auswahlschule des Guerillero 65

Widmung 68

Vorwort des Herausgebers

DAS ›MINIMANUAL DO GUERRILHEIRO URBANO‹[1] ist das bedeutendste Handbuch für Untergrundkämpfer; verfasst wurde es von Carlos Marighella (1911–1969), einem brasilianischen Politiker, Schriftsteller und Guerillakämpfer gegen die brasilianische Militärdiktatur. Das Buch enthält detaillierte Anweisungen zur Organisation von Guerilla-Aktionen in urbanen Gebieten, einschließlich Grundlagen der Logistik (u. a. Waffen, Motorisierung), Taktiken zur Sabotage, zu Entführungen und Anschlägen, Propaganda und Indoktrination, und vielem mehr. Für die deutsche ROTE ARMEE FRAKTION (RAF) wurde Marighellas Schrift zum wichtigsten praktischen ›Lehrbuch‹.

Carlos Marighella war ein wichtiger Aktivist gegen die Diktatur des Militärs in Brasilien, die von 1964 bis 1985 andauerte. Er gründete die ›Nationale Befreiungsaktion‹ (ALN), eine kommunistische Guerillabewegung, die gegen die repressive Regierung kämpfte und dabei Anhänger aus allen Schichten der brasilianischen Gesellschaft gewann. Er wurde im November 1969 in São Paulo in einem heftigen Feuergefecht von der Polizei erschossen, nachdem sein Aufenthaltsort verraten worden war.

Das ›Minimanual do Guerrilheiro Urbano‹ hatte großen Einfluss auf revolutionäre Bewegungen nicht nur in Brasilien, sondern weltweit, insbesondere auch auf die ROTE ARMEE FRAKTION (RAF) in Deutschland. Viele Kampftaktiken und Situationen, die der Autor schildert, finden sich geradezu lehrbuchhaft in den Aktionen der RAF wieder. Darum lohnt es sich für jeden, der die legendäre deutsche Terrorgruppe besser verstehen will, Marighella zu lesen.

Nebenbei verlieh die revolutionäre Schrift der kriminellen Ader eines Andreas Baader sozusagen höhere Weihen, denn Carlos Marighella kämpfte in Brasilien tatsächlich für eine gute Sache,

---

[1] Das Original des ›Mini-Handbuch des Stadtguerilleros‹ ist in Portugiesischer Sprache verfasst

gegen eine brutale Diktatur[2]. Gudrun Ensslin, der intellektuelle Kopf der RAF, bläute jedem Mitglied der Gruppe ein, Marighellas Schrift zu verinnerlichen und bestand in missionarischem Eifer auf wortwörtliche Umsetzung der Terror-Fibel. Einer der Grundsätze: Bei Kontakt mit dem Gegner – schieße zuerst! Bei Marighella im Abschnitt »Das Schießen: Die Existenzbasis« (vgl. Seite 20): »Will er nicht selbst getötet werden, so muss der Stadtguerillero als erster schießen, ohne das Ziel zu verfehlen.«

Die brasilianische Nationale Befreiungsaktion ALN endete in den späten 1970er Jahren mit der Niederlage der Guerilla-Bewegung und der Verhaftung, dem Tod oder der Flucht ihrer Mitglieder, nach massiver Verfolgung durch das Regime. – Die brasilianische Diktatur fand ihr Ende erst 1985 mit der Wahl von Tancredo Neves, einem oppositionellen Politiker, der von einer breiten Koalition verschiedener politischer Parteien, Gewerkschaften und zivilgesellschaftlicher Gruppen unterstützt wurde.[3]

© *Redaktion Kallisto, 2023*

---

[2] Die brasilianische Diktatur ging mit vielen Menschenrechtsverletzungen einher, einschließlich Folter, Verschleppung und außergerichtlichen Hinrichtungen politischer Gegner. In den Jahren nach dem Ende der Diktatur unternahm man Versuche, um mit den Verbrechen der Militärregierung umzugehen und eine Aussöhnung in der Gesellschaft zu erreichen, so wurde erst 2014 eine ›Wahrheitskommission‹ gegründet.

[3] Die Demokratisierung Brasiliens war ein schrittweiser Prozess, der in den späten 1970er und frühen 1980er Jahren begann. Im Jahr 1979 erließ die Militärregierung ein Amnestiegesetz, das politischen Gefangenen und Exilanten die Rückkehr nach Brasilien ermöglichte. Im Jahr 1984 fanden in Brasilien freie Wahlen statt, bei denen mit Tancredo Neves ein ziviler Präsident gewählt wurde – erstmals seit 1964.

HANDBUCH DER STADTGUERILLA

Vorbemerkung

JEDER GENOSSE, der sich gegen die Militärdiktatur stellt und gegen sie kämpfen will, kann irgendeine Aufgabe übernehmen, so unbedeutend sie auch erscheinen mag. An jene, die dieses Handbuch lesen und nicht länger untätig bleiben wollen, appelliere ich, den Anweisungen zu folgen, die hier gegeben sind, und sich nun dem Kampf anzuschließen. Ich fordere dies, weil es unter allen Umständen die Pflicht eines jeden Revolutionärs ist, die Revolution zu machen.

Zweitens soll dieses Handbuch nicht nur gelesen, sondern auch unters Volk gebracht werden. Jeder, die diese Ideen unterstützt, sollte ab sofort vervielfältigte Kopien oder gedruckte Flugblätter herstellen; selbst wenn widerspenstige Drucker dazu gezwungen werden müssen. So können wir für größtmögliche Verbreitung sorgen.

Dieses Handbuch trägt meine Unterschrift, weil die hier zum Ausdruck gebrachten, systematisierten Ideen die persönlichen Erfahrungen einer Gruppe von Menschen widerspiegeln, die am bewaffneten Kampf in Brasilien beteiligt sind – und ich fühle mich geehrt, zu ihnen zu gehören. Um zu verhindern, dass bestimmte Personen den Inhalt dieses Handbuchs in Zweifel ziehen, die Tatsachen verdrehen und weiterhin behaupten, ein Anlass für Kampf sei nicht gegeben, ist es angebracht, die Verantwortung für diesen Text und seine Forderungen zu übernehmen. Anonymität in einer Arbeit wie dieser wäre nicht angemessen. Wir brauchen Patrioten, die bereit und entschlossen sind, wie Soldaten zu kämpfen – je größer ihre Zahl, desto besser.

Die Anschuldigung, ein Räuber oder Terrorist zu sein, hat heute nicht mehr die negative Bedeutung, die ihr früher anhaftete. Sie hat ein neues Gewand, neue Farben erhalten, sie schreckt nicht mehr ab, sie ist nicht mehr abfällig, im Gegenteil: ›Gewalttätig‹ oder ein ›Terrorist‹ zu sein ist heute eine Eigenschaft, die jeden ehrenhaften Menschen adelt, denn sie bezeichnet genau die würdige Einstellung des Revolutionärs, der bewaffnet gegen die schändliche Militärdiktatur und ihre Gräueltaten kämpft.

Carlos Marighella 1969

Was ist ein Stadtguerillero?

DIE FÜR DAS HEUTIGE BRASILIEN charakteristische chronische Strukturkrise und die daraus resultierende politische Instabilität sind die Gründe für den abrupten Ausbruch des revolutionären Krieges im Land. Revolutionäre Kriegsführung manifestiert sich in Form von Stadtguerillakrieg, psychologischer Kriegsführung oder ländlicher Guerillakriegsführung. Stadtguerillakrieg oder psychologische Kriegsführung in der Stadt beruht auf dem Stadtguerillero.

Der Stadtguerillero kämpft bewaffnet gegen die Militärdiktatur und wendet dabei unkonventionelle Mittel an. Als revolutionärer Politiker und leidenschaftlicher Patriot kämpft er für die Befreiung seines Landes, er ist ein Freund des Volkes und der Freiheit. Das Gebiet des Stadtguerillero ist das der großen brasilianischen Städte. In diesen Ballungszentren sind aber auch die Banditen tätig, die üblicherweise als *Marginales* bezeichnet werden. Oft werden die Überfälle dieser Banditen für Aktionen der Stadtguerilleros gehalten.

Der Stadtguerillero unterscheidet sich dennoch radikal von den Marginales. Diese trachten in ihrer Aktivität nach einem persönlichen Vorteil und greifen an, ohne Unterscheidung zwischen Ausgebeuteten und Ausbeutern. Unter ihren Opfern befinden sich daher auch Männer und Frauen des Volkes. Der Stadtguerillero dagegen verfolgt ein politisches Ziel und greift nur die Regierung, die großen Kapitalisten und die ausländischen Imperialisten, insbesondere die nordamerikanischen, an.

Ein anderes Element, das ebenfalls in den städtischen Gebieten tätig und nicht weniger schädlich als die Marginales ist, sind die Konterrevolutionäre von rechts, die Verwirrung stiften, indem sie Banken überfallen, Bomben legen, Entführungen organisieren, morden und furchtbare Verbrechen gegen die Stadtguerilleros, die revolutionären Priester, die Studenten und die antifaschistischen, freiheitsliebenden Bürger begehen.

Der Stadtguerillero ist ein unerbittlicher Feind der Regierung und führt daher systematisch Aktionen aus, die den Behörden und den Männern, die das Land beherrschen oder die Macht ausüben, schaden. Die wichtigsten Aufgaben des Stadtguerilleros sind es, die Militärdiktatur und die Kräfte der Repression abzulenken, sie aufzureiben und zu demoralisieren; ferner hat er die Güter und Besitztümer der Nordamerikaner, anderer ausländischer Unternehmer und die der brasilianischen Großbourgeoisie zu überfallen und sie zu zerstören oder zu plündern.

Der Stadtguerillero ist entschlossen darauf bedacht, das bestehende ökonomische, politische und gesellschaftliche System Brasiliens zu entlarven und zu zerstören, sein Ziel ist es, die Landguerilla zu unterstützen und beim Aufbau einer neuen gesellschaftlichen Struktur im Land mitzuhelfen, an deren Spitze das bewaffnete Volk steht.

Der Stadtguerillero muss sich ein Minimum an politischen Kenntnissen aneignen und daher versuchen, gedruckte oder in Form von Pamphleten abgezogene Arbeiten zu lesen, z. B. ›Der Guerillakrieg‹ von Che Guevara.

Persönliche Eigenschaften
des Stadtguerillero

DER STADTGUERILLERO ist durch seinen Mut und seine Entscheidungskraft gekennzeichnet. Er muss ein guter Taktiker sein und gut schießen können. Er muss schlau und umsichtig sein, um damit die Tatsache zu kompensieren, dass er an Waffen, Munition und Ausrüstung nicht stark genug ist. Das Berufsmilitär und die Polizei, die der Regierung dient, verfügen über moderne Waffen und Fahrzeuge und können sich frei zu jedem beliebigen Ort bewegen, wobei sie alle Mittel der bestehenden Staatsmacht zur Verfügung haben. Der Stadtguerillero verfügt nicht über solche Mittel, seine Praxis ist die des Untergrunds.

Oft liegt ein Haftbefehl gegen ihn vor, oder er ist schon verurteilt und daher gezwungen, gefälschte Ausweise zu benutzen. Der Stadtguerillero hat dennoch einen Vorteil gegenüber dem Berufsmilitär und der Polizei: Militär und Polizei handeln auf der dem Volk verhassten feindlichen Seite, während der Stadtguerillero eine gerechte Sache, nämlich die des Volkes, vertritt. An Waffen ist der Stadtguerillero dem Feind unterlegen, vom moralischen Standpunkt aus besitzt er aber eine nicht zu leugnende Überlegenheit. Diese moralische Überlegenheit ist die Stütze des Stadtguerillero, mit der er seine wichtigste Pflicht erfüllen kann, nämlich anzugreifen und zu überleben.

Der Stadtguerillero ist gezwungen, die Waffen des Gegners zu erbeuten. Da die Waffen durch Enteignung oder unter anderen Umständen in seine Hände gelangten, besitzt er keine einheitliche Bewaffnung und sieht sich vor dem Problem der Mannigfaltigkeit der Feuerwaffen und des Mangels an Munition. Er verfügt außerdem nicht über Ausbildungs- und Übungsplätze, auf denen Schieß- und Treffsicherheit geübt werden können. Diese Schwierigkeiten müssen überwunden werden und dazu muss der Stadtguerillero auf seinen Erfindungsgeist zurückgreifen, jene Fähigkeit, ohne die er nicht in der Lage wäre, seine revolutionäre Rolle auszuüben.

Die Eigenschaften des Stadtguerillero sind Initiative, Einfallsreichtum, Flexibilität, Vielseitigkeit und Geistesgegenwart. Vor allem die Fähigkeit zur Initiative muss er in besonderem Maße besitzen. Es ist nicht möglich, alle Situationen vorauszusehen; trotzdem darf es nicht vorkommen, dass der Stadtguerillero nicht weiß, was zu tun ist, nur weil ihm entsprechende Anweisungen fehlen. Es ist seine Pflicht, zu handeln, eine angemessene Lösung für jedes auftretende Problem zu finden und diesem nicht auszuweichen. Es ist besser, zu handeln und Fehler zu machen als nicht zu handeln, um Fehler zu vermeiden. Ohne Initiative gibt es keine Stadtguerilla.

Weiter notwendige Fähigkeiten des Stadtguerillero sind die folgenden: Er muss ein guter Läufer sein, muss Müdigkeit, Hunger, Regen und Hitze ertragen können, er muss Wache halten und sich verstecken, sich verkleiden und jeder Gefahr ins Auge sehen können. Er muss bei Tag und bei Nacht handeln, darf sich nicht überhasten, muss eine unbegrenzte Geduld haben. Er muss stets die Ruhe bewahren und seine Nerven auch unter ungünstigen Bedingungen und in ausweglosen Situationen kontrollieren können. Niemals darf er Spuren oder Hinweise hinterlassen. Vor allem darf er sich nicht entmutigen lassen.

Nicht selten desertieren oder entfernen sich Kameraden von der Stadtguerilla, wenn sie sich vor nahezu unüberwindbare Schwierigkeiten gestellt sehen.

Die Aktion der Stadtguerilla ist aber nicht das Geschäft einer Handelsgesellschaft, die Tätigkeit an einem gewöhnlichem Arbeitsplatz oder die Vorführung eines Theaterstücks. Die Stadtguerilla ist wie auch die Landguerilla eine Verpflichtung, die der Guerillero sich selbst gegenüber auf sich nimmt. Wenn er nicht in der Lage ist, den Schwierigkeiten entgegenzutreten oder nicht über die notwendige Geduld verfügt um abwarten zu können, ohne die Nerven zu verlieren oder zu verzweifeln, dann ist es besser für ihn, von dieser Verpflichtung Abstand zu nehmen – fehlen ihm doch in diesem Fall die in der Tat elementarsten Fähigkeiten, um ein Stadtguerillero zu werden.

Wie lebt und erhält sich
der Stadtguerillero?

DER STADTGUERILLERO MUSS ES VERSTEHEN, inmitten des Volkes zu leben, er muss nicht als Fremder erscheinen oder sich vom normalen Leben des Durchschnittsbürgers unterscheiden. Er darf in seiner Kleidung nicht von der gewöhnlicher anderer Personen abweichen. Ausgefallene Kleidung und die neueste Mode für Männer und Frauen sind oft unangebracht, wenn der Stadtguerillero beauftragt ist, in Arbeiterbezirke oder dorthin zu gehen, wo eine solche Mode nicht üblich ist.

Das Gleiche muss beachtet werden, wenn er sich im Land von Süden nach Norden oder umgekehrt begibt. Der Stadtguerillero muss von seiner normalen beruflichen Beschäftigung leben. Wird er jedoch von der Polizei gesucht, ist er ihr bekannt, schon verurteilt oder liegt ein Haftbefehl gegen ihn vor, so muss er in den Untergrund gehen und oft versteckt leben. Auf keinen Fall darf der Stadtguerillero jemandem etwas über seine Tätigkeit mitteilen, zumal dies einzig und allein Sache der revolutionären Organisation ist, in der er arbeitet.

Der Stadtguerillero muss über eine gute Beobachtungsgabe verfügen, muss über alles gut informiert sein, vor allem über die Bewegungen des Feindes. Er muss sich gut orientieren können und das Gebiet, in dem er lebt, er sich befindet oder in welchem er sich bewegen muss, genau kennen. Am wichtigsten und entscheidend für den Stadtguerillero ist aber, dass er mit der Waffe kämpft, was ihm oft nicht ermöglicht, seinem normalem Beruf nachzugehen, ohne identifiziert zu werden. In diesem Zusammenhang wird die Rolle der Enteignung deutlich. Für den Stadtguerillero ist es unmöglich ohne den Enteignungs-kampf zu überleben. Der bewaffnete Kampf des Stadtguerillero hat daher zwei wesentliche Ziele, die mit unaufhörlicher Ver-schärfung zu verfolgen sind:

a) die physische Beseitigung von Führern und untergeordneten Personen innerhalb der Streitkräfte und der Polizei;

b) Enteignung der Regierung, der großen Kapitalisten, Großgrundbesitzer und Imperialisten. Die kleineren Enteignungen dienen dem individuellen Unterhalt des Stadtguerillero, die großen dem Unterhalt der Revolution. Es ist klar, dass der bewaffnete Kampf des Stadtguerillero auch andere Ziele hat, aber hier beziehen wir uns nur auf die beiden wesentlichen, von denen das der Enteignung vorrangige Bedeutung hat. Wichtig ist für jeden Stadtguerillero, sich jederzeit bewusst zu sein, dass er nur überleben kann, wenn er entschlossen ist, Polizisten und all jene zu töten, die der Repression als ausführende Organe dienen, und wenn er entschlossen ist, wirklich entschlossen ist, die großen Kapitalisten, Großgrundbesitzer und Imperialisten zu enteignen.

Eines der wichtigsten und wesentlichen Merkmale der brasilianischen Revolution ist, dass sie sich von Anfang an durch die Enteignung der Großbourgeoisie, der Imperialisten und Großgrundbesitzer entwickelt hat, inklusive der reichsten und mächtigsten Import- und Exporthändler. Die brasilianische Revolution versucht durch die Enteignung der gefährlichsten Feinde des Volkes diese in ihren lebenswichtigen Zentren zu treffen; sie greift daher vornehmlich und in systematischer Form das Banknetz an, d. h. sie versetzt dem Nervensystem des Kapitalismus ihre konzentriertesten Schläge.

Die von den brasilianischen Stadtguerilleros durchgeführten Überfälle auf Banken haben die großen Kapitalisten, wie z. B. Moreira Salles[4], getroffen. Desgleichen wurden die ausländischen Versicherungen und Rückversicherungsgesellschaften sowie das Bankkapital, die imperialistischen Firmen, die Bundesregierung und die Länderregierungen bis jetzt in systematischer Form enteignet. Die Einnahmen aus diesen Enteignungen wurden für die Schulung und technische Perfektionierung der

---

[4] Walther Moreira Salles (1912–2001), brasilianischer, westlich orientierter Banker, Politiker und Philanthrop, zeitweise Botschafter in den USA

Stadtguerilleros verwendet, für den Kauf, die Herstellung und den Transport von Waffen und Munition, für den Sicherheitsapparat der Revolutionäre, für den täglichen Unterhalt der Kämpfenden und jener, die durch bewaffnete Aktionen aus den Gefängnissen befreit, die verwundet oder von der Polizei verfolgt wurden. Desgleichen um solchen Problemen entgegenzutreten können, die entstehen, wenn einzelne Kameraden verhaftet, eingekerkert oder von der Polizei und den Militärs der Diktatur ermordet werden. Die erheblichen Ausgaben für den revolutionären Krieg müssen auf die großen Kapitalisten, die Imperialisten und Großgrundbesitzer abgewälzt werden, gleichzeitig aber auch auf die Regierung, sowohl die Bundesregierung, als auch die Länderregierungen, denn sie alle sind Ausbeuter und Unterdrücker des Volkes. Die Regierungsagenten, die Agenten der Diktatur und des nordamerikanischen Imperialismus haben für die gegen das brasilianische Volk begangenen Verbrechen zu zahlen.

Der Umfang und die Intensität der Aktionen, die von den Stadtguerilleros bereits durchgeführt und in deren Verlauf Menschen getötet, Sabotage betrieben, Waffen, Sprengstoff und Munition erbeutet, Banken überfallen und Gefangene befreit wurden, stellen ein bedeutendes politisches Gewicht dar und lassen keinen Raum für Zweifel an den tatsächlichen Zielen und der Entschlossenheit der Revolutionäre. Die Hinrichtung des CIA-Spions Charles Chandler, jenes nordamerikanischen Militärs, der aus dem Vietnam-Krieg hierher kam, um sich bei den brasilianischen Studenten einzuschleichen, sowie die bei blutigen Zusammenstößen mit den Stadtguerilleros getöteten Häscher zeugen davon, dass wir uns inmitten des revolutionären Krieges befinden und dass der Kampf nur mit gewaltsamen Mitteln durchgeführt werden kann.

Dies ist der Grund dafür, dass der Stadtguerillero zur bewaffneten Aktion übergeht und sich nur erhalten kann, wenn er seine Aktivität auf die physische Beseitigung der Agenten der Repression konzentriert und sich 24 Stunden am Tag der Enteignung der Enteigner des Volkes widmet.

Die technische Ausbildung des Stadtguerillero

NIEMAND KANN ein Stadtguerillero werden, der nicht seiner technischen Vorbereitung besondere Aufmerksamkeit widmet. Diese technische Vorbereitung reicht vom körperlichen Training bis zur Perfektionierung oder dem Erlernen von Berufen und von Fähigkeiten aller Art, vor allem einer handwerklichen Geschicklichkeit.

Der Stadtguerillero kann nur dann eine gute physische Widerstandskraft erreichen, wenn er systematisch trainiert. Er kann kein guter Kämpfer sein, wenn er nicht die Kunst des Kämpfens erlernt hat. Er muss mehrere Formen des Kampfes, des Angriffes und der Selbstverteidigung studieren und üben. Weitere sinnvolle Formen physischen Trainings sind Wanderungen, Zelten, Übungen im Dschungel, Besteigen von Bergen, Rudern, Schwimmen, Tauchen, Training als Froschmann, Fischen, Tiefseejagd, Jagd von Vögeln und anderer größerer und kleinerer Tiere. Wichtig ist, ein Auto fahren, ein Flugzeug führen und Schiffe steuern zu können, sowohl Motor- als auch Segelschiffe; weiter soll er Kenntnisse der Kraftfahrzeugmechanik und der Elektrotechnik besitzen, um z. B. Radios und Telefone reparieren zu können.

Von gleicher Wichtigkeit sind elementare Kenntnisse der Topographie und etwa diese Fähigkeiten: sich mit Instrumenten und praktischen Hilfsmitteln orientieren, Entfernungen abschätzen, Landkarten und Lagepläne herstellen, eine Skala benutzen, Zeitrechnungen herstellen, mit dem Kompass usw. umgehen. Kenntnisse der Chemie, die Mischung von Farben, die Herstellung von Stempeln, das Beherrschen der Schreibtechnik und Schriftfälschung, sowie andere Fähigkeiten bilden einen Teil der technischen Vorbereitung des Stadtguerillero, der gezwungen ist, Dokumente zu manipulieren, um in einer Gesellschaft leben zu können, die ihn verfolgt, und die er zerstören will.

Auf dem Gebiet der medizinischen Hilfe übt natürlich ein Arzt eine fundamentale Rolle aus, dennoch sind Kenntnisse der Medizin, der Krankenversorgung, der Apothekerkunst, Kenntnisse über Drogen, über Elemente der Chirurgie und der Ersten Hilfe unerlässlich.

Das Wichtigste bei der technischen Vorbereitung des Stadtguerillero ist jedoch das Erlernen der Waffenhandhabung, z. B. des Maschinenpistole, des Revolvers, der automatischen Gewehre, des FAL[5], der verschiedenen Typen von Langwaffen, Stutzen und Mörsern. Die Differenzierung der verschiedenen Waffenarten und Sprengkörper ist wichtig, erfordert doch der Gebrauch von Feuerbomben, Rauchbomben und Bomben spezielle Arten von Vorkenntnissen. Unter den Sprengstoffen muss besonders der Umgang mit Dynamit bekannt sein. Ein Stadtguerillero muss Waffen herstellen und reparieren, Molotowcocktails, Granaten, Minen und Eigenbau-Plastikbomben bauen können. Er muss Brücken zerstören und Eisenbahnschienen entfernen oder unbrauchbar machen können, da er diese Arbeiten nicht auf eine untergebene Ebene delegieren kann.

Die erste Stufe der technischen Vorbereitung des Stadtguerillero wird im »Zentrum zur technischen Perfektionierung« vermittelt, aber zu diesem Zentrum kann nur derjenige zugelassen werden, der schon ein Vor-Examen, geleistet, d. h. die Feuerprobe in einer revolutionären Aktion, in der Auseinandersetzung mit dem Feind bestanden hat.

Die Waffen des Stadtguerillero

DIE WAFFEN DES STADTGUERILLERO sind leichte und leicht ersetzbare Waffen, die im allgemeinen vom Feind erbeutet, gekauft oder selbst hergestellt wurden. Leichte Waffen haben den Vorteil der schnellen Bedienung und des leichten Transports. Sie besitzen in der Regel einen kurzen Lauf, so wie viele automatische Waffen. Die automatischen oder halbautomati-

---

[5] FAL: belgisches, weit verbreitetes Schnellfeuergewehr, gebaut seit 1953

schen Waffen vergrößern ganz erheblich die Feuerkraft des Stadtguerillero. Der Nachteil dieser Waffen ist für uns ihre relativ schwierige Kontrolle, was sich in der Verschwendung und dem übermäßigem Verbrauch von Munition ausdrückt. Dies kann nur durch eine hohe Treffsicherheit ausgeglichen werden. Wenig geübte Männer verschwenden damit Munition in Massen.

Die Erfahrung hat gezeigt, dass die für den Stadtguerillero am meisten geeignete Waffe das leichte Maschinengewehr[6] ist. Diese Waffe ist außerordentlich wirkungsvoll, kann schnell in Stellung gebracht werden, ist bei Aktionen innerhalb des städtischen Gebietes von unschätzbarem Wert und flößt den Gegnern erheblichen Respekt ein. Der Stadtguerillero muss die Handhabung der Maschinenpistole, die jetzt ebenso populär wie unerlässlich in der brasilianischen Stadtguerilla geworden ist, genau kennen. Die ideale Maschinenpistole für den Stadtguerillero ist die ›INA‹[7] mit dem Kaliber 45.

Es können auch andere Sturmgewehre mit verschiedenen Kalibern verwendet werden, doch taucht hier das Problem der Munition auf. Es ist daher vorteilhaft, wenn die industrielle Logistik der Stadtguerilleros leichte Maschinengewehre für die allgemeine Benutzung herstellt, so dass die verwendete Munition genormt werden kann. Jede Feuergruppe der Stadtguerilleros muss über ein Maschinengewehr verfügen, das von einem guten Schützen bedient wird. Die anderen Mitglieder der Gruppe sollten mit einem Revolver Kaliber 38 ausgerüstet sein. Wir haben auch einen Revolver Kaliber 37 verwandt, doch ist das Kaliber 38 vorteilhafter, da diese Munition den Feind im allgemeinen außer Gefecht setzt. Auch Handgranaten und konventionelle Rauchbomben können zu den leichten Waffen gezählt werden, da sie für die Defensivtaktik, bei der Deckung und beim Rückzug der Stadtguerilleros Verwendung finden.

---

[6] gemeint sind Waffen im Stil einer sowjetischen AK 47 (›Kalaschnikow‹), die Eigenschaften von Maschinenpistolen und Schnellfeuergewehren vereinen.

[7] INA 953: brasilianische Maschinenpistole, gebaut zw. 1950 und Ende 1980

Langläufige Waffen sind schwerer zu transportieren und fallen wegen ihrer Größe auf. Wichtige langläufige Waffen sind das FAL, die Mausergewehre, Winchester-Jagdbüchsen und andere. Die Jagdbüchsen können auf kurze Entfernung gut verwendet werden, auch von einem wenig trainierten Mann; dies vor allem in der Nacht, wenn eine Präzisionswaffe wenig ausrichten kann. Ein Luftgewehr kann sinnvoll zum Üben der Treffsicherheit sein. Die Benutzung von Bazookas und Mörsern erfordert es, entsprechende Bedingungen zu schaffen, da sie nur von geübten Leuten gehandhabt werden können.

Die Aktionen der Stadtguerilleros dürfen aber nicht auf die Anwendung schwerer Waffen gestützt werden, da deren Nachteile zu groß sind für eine Kampfart, in der wir durch Schnelligkeit unsere Mobilität und Bewegungsfreiheit sichern müssen. Eigenbauwaffen sind manchmal nicht weniger wirkungsvoll wie die besten einer spezialisierten Industrie, und selbst ein Gewehr mit abgesägtem Lauf ist eine ausgezeichnete Waffe für den Stadtguerillero. Wenn dieser gleichzeitig Waffenschmied ist, stellt er die beste Kombination dar, die es gibt. Der Waffenschmied verwahrt die Waffen, er weiß sie zu reparieren und ist in vielen Fällen in der Lage, eine Werkstatt einzurichten, um wirksame kleinere Waffen herzustellen. Der Metallarbeiter und der Dreher sind deshalb wichtige Positionen in der Stadtguerilla, denn diese muss sich bei der Herstellung von Waffen oft ihrer eigenen industriellen Logistik bedienen.

Anfertigung von und Lehrgänge über die Anwendung von Explosivwaffen müssen organisiert werden. Die Rohstoffe für die praktischen Arbeiten bei dieser Ausbildung müssen zuvor besorgt werden, um eine unvollständige Schulung und mangelhafte Möglichkeiten des Testens und Experimentierens zu verhindern.

Molotowcocktails, Benzin, Eigenbauwaffen, Katapulte, Mörser, Knallkörper, aus Tuben und Büchsen hergestellte Granaten, Rauchbomben, Minen, konventionelle Sprengstoffe wie Dynamit und Kaliumchlorate, Plastikbomben, Gelatinekapseln und Munition aller Art sind für den Erfolg des Stadtguerillero unverzichtbare Requisiten.

Notwendige Materialien und Munition müssen durch den Kauf oder durch Anwendung von Gewalt in gut geplanten und entsprechend durchgeführten Enteignungsaktionen besorgt werden. Der Stadtguerillero muss darauf achten, Explosivwaffen und andere Materialien, die Unfälle verursachen können, nicht zu lange aufzubewahren; er muss versuchen, sie sofort gegen die ins Auge gefassten Ziele anzuwenden. Die Waffen des Stadtguerillero, sowie seine Fähigkeit, diese zu bedienen, bilden seine Feuerkraft. Indem er sich moderner Waffen bemächtigt und Neuerungen bei der Bewaffnung und in der Anwendung bestimmter Waffen berücksichtigt, kann er oft die Taktiken der Stadtguerilla verbessern.

Ein Beispiel hierfür sind die von den brasilianischen Stadtguerilleros bei Banküberfällen eingesetzten Maschinenpistolen. Wenn der massive Einsatz solcher gleichartiger Sturmgewehre möglich ist, wird die Stadtguerilla in unserem Land neue Techniken anwenden können. Die Feuergruppe, die eine Vereinheitlichung ihrer Waffen und der entsprechenden Munition erreicht und gleichzeitig für eine vernünftige Lagerhaltung sorgt, hat den größtmöglichen Wirkungsgrad. Der Stadtguerillero ist um so wirkungsvoller, je größer seine Feuerkraft ist.

Das Schießen: Die Existenzbasis

Existenzbasis und unabdingbare Voraussetzung seines Handelns und seines Überlebens ist das Schießen. Gut schießen zu können ist die Notwendigkeit des Kampfes, in dem der Stadtguerillero sich befindet. Wird im konventionellen Krieg der Kampf in der Regel mit weitreichenden Waffen auf große Entfernungen geführt, so wird im unkonventionellen Krieg, der Kampfform der Stadtguerilla, auf kurze Entfernungen operiert, manchmal sogar im Nahkampf. Will er nicht selbst getötet werden, so muss der Stadtguerillero als erster schießen, ohne das Ziel zu verfehlen. Dabei darf er weder Waffen leichtfertig aufs Spiel setzen noch Munition verschwenden, da er über beides nur in geringen Mengen verfügen kann. Verloren gegangene Waffen und verschwendete Munition können bei den nur in kleinen Gruppen kämpfenden Guerilleros nicht kurzfristig ersetzt werden, da jeder zunächst auf sich zu achten hat. Der Stadtguerillero muss ein gutes Reaktionsvermögen haben und in der Lage sein, blitzartig zu schießen.

Eine grundsätzliche Regel, die wir nicht genügend betonen und in ihrer Wichtigkeit hervorheben können, ist die, dass der Stadtguerillero nicht durch fortwährendes Schießen seine Munition erschöpfen darf. Falls der Feind in einem solchen Fall das Feuer nicht erwidert und wartet, bis der Guerillero seine Munition verschossen hat, liegt dieser dann ohne die Möglichkeit, sich neu zu munitionieren in einem Kugelhagel des Gegners und kann getötet oder verhaftet werden. Obgleich er sich häufig der Überraschung bedient und daher seine Waffen meist nicht anzuwenden braucht, kann sich der Stadtguerillero nicht den Luxus leisten, den Kampf aufzunehmen, ohne gezielt schießen zu können.

Während des Kampfgeschehens muss er immer wieder einen Standortwechsel vornehmen, damit er kein ruhendes Ziel bietet, das leicht zu treffen ist. Das Leben des Stadtguerillero hängt von seiner Schießkunst ab, von seiner Fähigkeit, die vorhandenen Waffen optimal einzusetzen und selbst nicht getroffen zu werden.

Wenn wir von Schießen reden, so ist davon die Treffsicherheit nicht zu trennen. Diese muss so lange geübt werden, bis das Schießen und das Treffen für den Stadtguerillero zu einer Reflexreaktion geworden ist. Um gut und treffsicher schießen zu können, muss er systematisch trainieren und dabei die verschiedensten Methoden anwenden. Er hat jede Gelegenheit zu Schießübungen auszunutzen, auch auf Rummelplätzen und zu Hause mit einem Luftgewehr. Treffsicheres Schießen ist für ihn so lebenswichtig wie Wasser und Luft. Die letzte Stufe der perfekten Schießkunst stellt eine besondere Form des Stadtguerillero dar: den Heckenschützen, einen einsamen Kämpfer, der unablässig Einzelaktionen durchführt. Er beherrscht das Schießen auf kurze und lange Distanz, und seine Waffen sind für beides eingerichtet.

Die ›Feuergruppen‹

Um Aktionen durchführen zu können, muss der Stadtguerille-ro in kleinen Gruppen organisiert sein. Sie umfassen nicht mehr als vier oder fünf Männer und heißen Feuergruppen. Mindestens zwei von ihnen, klar unterteilt und von ein oder zwei Personen organisiert und koordiniert, bilden eine Feuermannschaft. Zwischen den Mitgliedern einer Feuergruppe muss unbedingtes Vertrauen herrschen. Wer die Schießkunst am besten beherrscht und die Maschinenpistole am besten zu bedienen weiß, liefert bei den Operationen letztlich die Deckung. Die Feuergruppe plant und führt die Aktionen der Stadtguerilla aus, beschafft und versteckt ihre Waffen und studiert und korrigiert die angewand-ten Taktiken. Sind Aufgaben zu erfüllen, die vom strategischen Kommando entwickelt worden sind, so haben diese unbedingten Vorrang. Damit ein Maximum an Initiative für die einzelnen Feuergruppen gewährleistet ist, ist es notwendig, jede rigide Organisationsform zu vermeiden.

Die alte Hierarchie und der Stil der traditionellen Linken ist in unserer Organisation liquidiert. Das bedeutet, dass mit Aus-nahme der den strategischen Interessen untergeordneten und deshalb vorrangigen Aufgaben, jede Feuergruppe einen Bank-überfall, eine Entführung, eine Hinrichtung, sei es die Entführung eines Agenten der Diktatur, einer genau identifizierten Person der Reaktion oder eines nordamerikanischen Spions beschließen und durchführen und jede Art von Propaganda und Nervenkrieg gegen den Feind führen kann, ohne vorher das strategische Kommando zu konsultieren.

Eine Feuergruppe darf nie in Erwartung von Befehlen passiv bleiben. Ihre Pflicht ist es, zu handeln. Jeder einzelne Stadtguerill-lero, der eine Feuergruppe bilden und in die Organisation eintreten will, kann dies tun und in die Organisation integrieren. Diese Form des Vorgehens beseitigt zentrale Überlegungen darüber, von wem Aktionen durchgeführt werden, denn die Initiative ist frei. Was zählt, ist der wachsende Umfang der

Guerilla-Aktivität, die die Regierungsmacht aufreibt und sie zwingt, sich in eine Defensivstellung zurückzuziehen.

Die Feuergruppe ist das Instrument der organisierten Aktion. In ihr werden die Unternehmungen und Taktiken der Guerilla geplant, und durch sie wird es möglich, sie erfolgreich auszuführen. Das allgemeine Kommando muss allerdings auf die Feuergruppen für die Ausführung strategisch wichtiger Aufgaben in jedem Teil des Landes zurückgreifen können. Auf der anderen Seite hilft das Kommando den Feuergruppen bei der Überwindung ihrer Schwierigkeiten und bei der Befriedigung ihrer Bedürfnisse. Die Organisation ist ein unzerstörbares Netz von Feuergruppen, sie funktioniert auf einfache und praktische Weise mit einem allgemeinen Kommando, das ebenfalls am Kampf teilnimmt, denn was nicht reine und pure revolutionäre Aktion ist, wird in einer solchen Organisation nicht geduldet.

Die Logistik der Stadtguerilla

DIE KONVENTIONELLE LOGISTIK kann durch die Formel NKAM ausgedruckt werden, d. h. Nahrungsmittel – Kraftstoff – Ausrüstung – Munition.

Konventionelle Logistik bezieht sich auf Versorgungsprobleme eines Heeres oder regulärer Streitkräfte und verfügt über Fahrzeuge mit festen Basen und eine industrielle Logistik. Der Stadtguerillero dagegen verfügt nicht über ein Heer, sondern über kleine bewaffnete Gruppen und eine kleine Organisation, die bewusst fragmentarisch ist. Er besitzt weder Fahrzeuge noch feste Basen. Seine industrielle Logistik ist mangelhaft und wenig entwickelt. Sie kann, selbst wenn es notwendig sein sollte, nicht immer aufgebaut werden, nicht einmal unter dem Aspekt einer rudimentären Waffenindustrie innerhalb eines Hauses.

Während die konventionelle Logistik zum Ziel hat, Mittel für den Krieg gegen die Guerilla zu beschaffen, Mittel, die für die Unterdrückung der städtischen und ländlichen Rebellion benötigt werden, ist die Logistik des Stadtguerillero dazu bestimmt, Operationen und Taktiken zu unterstützen, die einem nicht-konventionellen, von der Militärdiktatur ausgelösten und gegen die nordamerikanische Herrschaft im Land gerichteten Krieg inhärent sind.

Die Logistik des Stadtguerillero, der bei Null anfängt und zunächst über keine Stütze verfügt, kann mit der Formel MGWMS beschrieben werden: Motorisierung – Geld – Waffen – Munition – Sprengkörper/Sprengstoff. Eine der Säulen revolutionären Logistik ist die Motorisierung, die aber ihrerseits untrennbar ist vom Fahrpersonal. Der Stadtguerillero, der ein Auto fahren kann, ist deshalb genauso wichtig wie der, der eine Maschinenpistole bedient. Ohne einen von beiden haben die Maschinen keine Funktion, Auto und Maschinenpistole werden zu toten Gegenständen. Da man nicht von heute auf morgen aus einer unerfahrenen Person einen Kraftfahrer machen kann, ist es notwendig, früh mit der Ausbildung zu beginnen. Jeder gute Stadtguerillero ist gezwungen, ein guter Kraftfahrer zu sein.

Das benötigte Fahrzeug selbst wird der Stadtguerillero notwendigerweise enteignen müssen. Verfügt er schon über Mittel, so kann er die Enteignung mit anderen Arten von Beschaffungsmitteln kombinieren.

Der Zwang zur Enteignung von Geld, Waffen, Munition, Explosivwaffen und Fahrzeugen bedeutet für den Stadtguerillero, Banken und Waffenlager zu überfallen und sich der Munition und Explosivwaffen zu bemächtigen, wo immer er sie findet.

Keine dieser Operationen beschränkt sich auf nur einen Zweck. Bei der Beschaffung von Geld müssen auch die Waffen der Wachen mitgenommen werden. Die Enteignung ist die erste Stufe in der Organisation unserer Logistik, sie hat einen bewaffneten Charakter und setzt ständige Mobilität voraus. Der nächste Schritt des Stadtguerillero ist die Stabilisierung und Erweiterung seiner Logistik, er wendet Hinterhalte und Täuschungsmanöver an, um den Feind zu überraschen und seine Waffen, Munition, Fahrzeuge und anderes zu erbeuten. Verfügt er über größere

Mengen von Waffen, Munition und Sprengstoffen, so tritt in der Logistik des Guerillero ein bedeutendes Problem auf, nämlich jederzeit und überall Verstecke für sein Material sowie Transportmittel zu finden, um es dort zu lagern, wo es benötigt wird. Dies muss sogar dann möglich sein, wenn der Feind schon aufmerksam geworden ist und die Wege blockiert.

Die Kenntnis des Terrains und der benutzten und benutzbaren Verstecke sowie die hierfür speziell ausgebildeten und rekrutierten Führer bilden die Grundelemente für die Lösung dieses immer wiederkehrenden Problems der Logistik des Revolutionärs.

Die Technik des Stadtguerillero

IM ALLGEMEINSTEN SINNE ist ›Technik‹ die Kombination von Mitteln und Methoden, die der Mensch verwendet, um eine Aktivität auszuführen. Die Tätigkeit der Stadtguerilla besteht in der Durchführung von Guerillakrieg in der Stadt plus psychologischer Kriegsführung.

Diese Technik umfasst fünf wichtige Komponenten:

a) jenen Teil, der die besonderen, die Technik beinhaltenden Merkmale umfasst;

b) einen Teil, der sich auf die mit solchen Merkmalen harmonisierenden Merkmale bezieht, nämlich solche, die durch eine Reihe von ursprünglichen Vorteilen repräsentiert werden, ohne die der Stadtguerillero nicht erfolgreich handeln kann;

c) einen Teil, der sich auf die bestimmten und definierten Ziele der von den Stadtguerilleros unternommenen Aktionen bezieht;

d) einen Teil, der sich auf die Typen und die Natur der verschiedenen Aktionsformen des Stadtguerilleros bezieht;

e) einen Teil, der sich mit den Durchführungsmethoden dieser Aktionen beschäftigt.

Merkmale der Techniken des Guerillakampfes

DIE TECHNIK DER STADTGUERILLEROS zeigt die folgenden Merkmale:

1. Sie ist eine aggressive Technik, d. h. sie hat offensiven Charakter. Es liegt auf der Hand, dass die Offensive der offenen Feldschlacht mit dem Feind für uns den sicheren Tod bedeuten würde, da wir dem Gegnern an Feuerkraft und Ausrüstung unterlegen sind und einem konzentrierten Angriff staatlicher Sicherheitskräfte nicht begegnen könnten. Dies ist auch der Grund dafür, dass unsere Technik nicht die der Einrichtung und Verteidigung fester Basen sein kann; auch nicht die, an einem bestimmten Ort die Umzingelung durch den Feind abzuwarten, um diese dann zu durchbrechen.

2. Es ist eine Technik, die Angriff und Rückzug kombiniert und so unsere Kräfte schont.

3. Es ist eine Technik zur Entfaltung der Stadtguerilla, deren Funktion darin besteht, feindliche Kräfte aufzureiben, zu demoralisieren und auseinanderzureißen. Damit ermöglicht sie den Aufbau und die Erhaltung der Stadtguerilla, die dann im revolutionären Krieg die entscheidende Rolle übernimmt.

Die ursprünglichen Vorteile des Stadtguerillero

DIE DYNAMIK DER STADTGUERILLA besteht im gewaltsamen Zusammenstoß mit militärischen und polizeilichen Kräften der Diktatur. Bei einem solchen Zusammenstoß liegen die Vorteile zunächst auf Seiten der Polizei, die Nachteile auf Seiten der Stadtguerilleros. Die Paradoxie liegt in der Tatsache, dass der schwächere Stadtguerillero den Angriff ausführen muss. Die Kräfte der Polizei und des Militärs beantworten diesen Angriff, indem sie erheblich größere Mittel in der Verfolgung der Stadtguerilleros mobilisieren und konzentrieren. Einer Niederlage kann dieser nur entgehen, wenn er ursprüngliche Vorteile auf seiner Seite buchen und diese bis zum Ende ausnutzen kann und damit seine materielle Schwäche und Unterlegenheit ausgleicht.

Diese ursprünglichen Vorteile sind:

a) die Überraschung des Feindes

b) die bessere Kenntnis des Gebietes

c) eine größere Beweglichkeit und Schnelligkeit als die Polizei und die übrigen Kräfte der Repression

d) ein Informationsapparat, der besser ist als der des Feindes

e) eine Entschlossenheit und Geistesgegenwart, die alle auf unserer Seite Kämpfenden stimuliert und nicht schwanken lässt, die feindliche Seite aber entmutigt und paralysiert.

Die Überraschungstaktik

Um seine allgemeine Schwäche und seine Unterlegenheit an Waffen gegenüber dem Feind auszugleichen, bedient sich der Stadtguerillero der Überraschungstaktik. Dem hat der Feind nichts entgegenzusetzen, er ergibt sich ohne Gegenwehr oder wird vernichtet. Seit Beginn des bewaffneten Stadtkampfes in Brasilien zeigt sich, dass der Stadtguerillero immer die Überraschungstaktik angewandt hat, um erfolgreich zu sein. Die Technik der Überraschung ist gegründet auf vier wesentliche Voraussetzungen:

1. Während wir die Situation des anzugreifenden Feindes im allgemeinen durch umfassende Information und gründliche Beobachtung genau kennen, weiß der Feind nichts über den bevorstehenden Angriff und die Situation des Angreifers.

2. Während uns die Kräfte des anzugreifenden Feindes bekannt sind, bleiben ihm unsere eigenen unbekannt.

3. Durch den Überraschungsangriff sparen und erhalten wir unsere Kraft, während der Feind diese Möglichkeit nicht hat und den Ereignissen ausgeliefert ist.

4. Wir bestimmen Zeitpunkt und Ort des Angriffes, seine Dauer und seine Ziele. Der Feind ist darüber im Unklaren.

Die Kenntnis des Terrains

Der Stadtguerillero hat im Terrain seinen besten Alliierten und ist daher bestrebt, dieses genau kennenzulernen. Das Terrain muss intelligent in seinen Unebenheiten, Höhenunterschieden und Unregelmäßigkeiten, in seinen normal zugänglichen und geheimen Orten, verlassenen Gegenden, Buschwerken usw. bei der Aktion eingesetzt werden. All diese Dinge sind mit Nutzen für den Erfolg der bewaffneten Aktion, für die Flucht, den Rückzug, die Deckung und die Tarnung einzubeziehen. Verengungen, Sackgassen, Straßenarbeiten, Polizeikontrollen, Militärzonen, Sperrzonen, vom Feind schließbare Tunneleingänge, Hauptverkehrswege und von Polizei oder von Ampeln kontrollierte Kreuzungen müssen in allen Einzelheiten bekannt und studiert sein, damit fatale Fehler vermieden werden.

Unsere Aufgabe ist es, einen Weg zu finden und genau zu wissen, wohin und wie wir uns zurückziehen können, um dabei den Feind in ein Gebiet zu locken, dessen Geländeverhältnisse er nicht kennt. Indem der Stadtguerillero sich mit Alleen, Gassen, Straßen, Kurven und Kreuzungen der Städte mit all ihren Brücken, der Kanalisation usw. vertraut macht, ist er später in der Lage, sich in unwegsamen und schwierigem Gelände sicher und ohne Schwierigkeiten zu bewegen. Mit Orten, die die Polizei nicht kennt und die sich für einen Hinterhalt oder eine Falle eignen, muss man vertraut sein.

Beherrscht der Stadtguerillero das Terrain, so kann er sich dort zu Fuß, mit dem Fahrrad, in Auto, Jeep oder Lastwagen bewegen, ohne jemals ertappt zu werden. Da er in einer kleinen Gruppe handelt, kann er diese jederzeit an vereinbarten Orten treffen und neue Guerilla-Aktionen vorbereiten oder aus der Umzingelung der Polizei entkommen und diese durch seine für den Feind unfassbare Kühnheit demoralisieren. Für die Polizei ist es im Labyrinth der großen Städte ein unlösbares Problem, zu fangen, was nicht zu sehen ist, zu unterdrücken, was nicht zu fangen ist und zu umzingeln, was nicht zu finden ist.

Die Erfahrung lehrt, dass der ideale Stadtguerillero der ist, der innerhalb seiner eigenen Stadt mit der genauen Kenntnis ihrer Straßen, Vororte, Verkehrsprobleme und übrigen Eigentümlichkeiten agiert. Der von außerhalb in eine Stadt kommende Guerillero ist, wenn er die dortigen Verhältnisse nicht kennt, ein schwacher Faktor und kann, wenn er neu an einer bestimmten Operation teilnimmt, diese in Gefahr bringen. Um schwerwiegende Fehler zu vermeiden, ist es notwendig, die Stadt genau zu kennen und über die Verkehrsdichte auf den Straßen zu den verschiedenen Tageszeiten bestens im Bilde zu sein.

Mobilität und Schnelligkeit.

Um eine Mobilität und Schnelligkeit zu erreichen, der die Polizei nichts entgegenzusetzen hat, muss der Stadtguerillero die folgenden Voraussetzungen schaffen:

1. Motorisierung   2. Kenntnis des Gebietes

3. Vernichtung oder Störung der Kommunikations- und Transportmittel des Feindes   4. leichte Bewaffnung

Der Stadtguerillero muss sich nach den systematischen, nur wenige Minuten dauernden Operationen sofort mit Kraftfahrzeugen vom Ort entfernen und beim Rückzugskampf die Verfolgung verhindern. Er muss den einzuschlagenden Weg in allen Einzelheiten kennen und den vorher vereinbarten Zeitablauf genau trainieren, um zu verhindern, dass er in Sackgassen, Straßenstockungen gerät, oder von Ampeln aufgehalten wird. So bleibt der Polizei sein Fluchtweg unbekannt, und sie verfolgt ihn blind. Während der Stadtguerillero sich schnell von dem Ort entfernen kann, da er das Gelände genau kennt, verliert die Polizei die Spur und muss die Verfolgung aufgeben.

Der Stadtguerillero führt seine Aktionen weit entfernt von den logistischen Einsatzbasen der Polizei durch. Diese Form der Operation hat den grundsätzlichen Vorteil, dass wir uns in optimaler Entfernung von der Logistik der Verfolger befinden und leichter fliehen können. Über diese Vorsichtsmaßnahme hinaus muss das Kommunikationssystem des Feindes berücksichtigt werden. Das Telefon ist dabei erstes Zielobjekt der Technik, die Kommunikation des Feindes zu verhindern. Auch dann, wenn der Feind über die Guerilla-Aktion informiert wurde, hängt seine logistische Unterstützung in hohem Maße von den modernen Transportmitteln ab, die im dichten Straßenverkehr bewusst aufgehalten werden können. Es ist klar, dass eine Verkehrsstörung sowohl für den Feind als auch für uns nachteilig sein kann, wenn wir uns nicht gleichzeitig einen Vorsprung verschaffen. Wenn wir einen größeren Sicherheitsfaktor benötigen und bleibende Spuren vermeiden wollen, können wir folgende Mittel anwenden:

1. die Polizei mit anderen Kraftfahrzeugen bewusst aufhalten, technische Mängel oder Pannen vortäuschen; doch dürfen in diesem Fall die verwendeten Fahrzeuge keine echten Nummernschilder tragen.

2. den Weg mit umgestürzten Bäumen, mit Steinen oder durch Gräben und falsche Verkehrszeichen versperren oder umleiten. Weitere Mittel müssen in der jeweiligen Situation mit viel Phantasie entwickelt werden.

3. den Weg der Polizei verminen oder mit verschüttetem Kraftstoff oder Molotowcocktails die Fahrzeuge in Brand setzen.

4. mit Maschinenpistolen und anderen Waffen, z. B. dem FAL auf Motor und Reifen der verfolgenden Fahrzeuge schießen

Entsprechend der typischen Arroganz und Feigheit der Polizei und der faschistischen Militärbehörden versucht der Feind, uns mit schweren Waffen und Ausrüstungen sowie mit bis an die Zähne bewaffneten Männern zu bekämpfen. Dies muss der Stadtguerillero durch leichte und einfach zu transportierende Waffen ausgleichen, damit er stets mit größter Schnelligkeit fliehen kann, ohne jemals den offenen Kampf aufnehmen zu müssen. Der Stadtguerillero hat keine andere Aufgabe als anzugreifen und sich zurückzuziehen.

Wir würden eine schreckliche Niederlage riskieren, wenn wir uns mit schweren Waffen und dem furchtbaren Gewicht ihrer Munition überladen, denn damit verlieren wir unsere wertvolle

Beweglichkeit. Sind wir motorisiert, so haben wir gegenüber einem mit Kavallerie verfolgenden Feind keinen Nachteil. Ein Auto ist schneller als ein Pferd. Zudem können wir den berittenen Polizisten vom Fahrzeug aus beschießen und ihn mit der Maschinenpistole, dem Revolver oder durch Molotowcocktails oder Granaten zum Sturz bringen. Auch ein Stadtguerillero, der zu Fuß ist, kann ohne Mühe auf einen berittenen Polizisten schießen. Murmeln, Kronkorken und über die Straße gespannte Seile sind ebenfalls sehr wirksam und bringen Pferd und Reiter zu Fall. Die Schwäche der Kavallerie ist, dass sie dem Stadtguerillero *zwei* hervorragende Ziele bietet: Pferd und Reiter.

Obgleich ein Hubschrauber schneller als die Kavallerie ist, bietet er bei der Verfolgung keine größeren Vorteile. Im Vergleich zum Auto ist das Pferd zu langsam und der Hubschrauber zu schnell. Da er sich mit einer Geschwindigkeit von über 200 km/h bewegt, ist er nicht in der Lage, ein sich innerhalb der Massen und Fahrzeuge auf der Straße verlierendes Ziel zu treffen. Er kann auch nicht inmitten der Straße landen, um irgendjemanden zu verfolgen. Zudem ist er beim Versuch eines Niedrigfluges den Schüssen der Stadtguerilleros ausgeliefert.

Die Information

Die Möglichkeit der Regierung, Stadtguerilleros zu entdecken und zu vernichten, ist um so geringer, je größer und konzentrierter das Potential von Gegnern der Diktatur in den Volksmassen ist. Diese Konzentration der Opposition gegen die Diktatur erfüllt eine außerordentlich wichtige Rolle bei der Beschaffung von Informationen über die Schritte der Polizei und Regierungsagenten und verhindert die Bekanntgabe unserer Aktivität an diese. Darüber hinaus kann der Feind durch falsche Informationen irregeführt werden, was für ihn wegen des großen Verschleißes besonders nachteilig ist. Auf jeden Fall sind die potentiellen Informationsquellen der Stadtguerilleros größer als die der Polizei. Der Feind wird beobachtet, weiß aber nicht, dass jemand aus dem Volke dem Stadtguerillero Informationen liefert. Militär und Polizei sind wegen ihrer gegen das Volk begangenen Ungerechtigkeit und Gewalttätigkeiten verhasst, und dies erleichtert es, Informationen aus dem Volk zu erhalten, mit denen man den Aktivitäten der Regierungsagenten schaden kann. Die Information aus dem Volk, die für den Feind kaum eine Hilfe ist, da er keine korrekten bekommt, bedeutet ein unschätzbares Potential in den Händen der Stadtguerilleros.

Dennoch ist es für uns wichtig, einen Informationsapparat zu schaffen und zu organisieren. Dem Stadtguerillero muss das Nötige über die Pläne und Bewegungen des Feindes, seinen Aufenthaltsort, die Transporte der Bankmittel, die Kommunikationsmittel und geheimen Maßnahmen der Regierung bekannt sein. Die zuverlässigen Informationen, die den Stadtguerillero erreichen, ermöglichen ihm sichere Schläge gegen das System der Diktatur. Diese kann gegen solche Informationen durch die, ihre Interessen geschädigt und unsere vernichtenden Angriffe erleichtert werden, nichts unternehmen. Der Feind versucht natürlich, Erkenntnisse über unsere Schritte zu sammeln, und uns zu vernichten oder unsere Handlungsfähigkeit einzuschränken. In diesem Zusammenhang ist die Gefahr des Verrats stets präsent; der Feind strebt dies an und schleust Spione in unsere Organisation ein. Diese Technik des Feindes beantwortet der Stadtguerillero mit der Denunzierung der Verräter, Spione, Informanten und Provokateure gegenüber dem Volk.

Da unser Kampf den Massen bekannt ist und man mit ihrer Sympathie rechnen kann, während der Feind wegen seiner Grausamkeit, Korruption und Unfähigkeit unbeliebt ist, werden Verräter, Polizeispitzel und anderer Informanten vom Volk bekämpft, sie erhalten keine Unterstützung und werden dem Stadtguerillero ausgeliefert; in vielen Fällen erhalten sie die verdiente Strafe. Der Stadtguerillero darf sich nicht seiner Pflicht entziehen, Spione und Informanten, die bekannt geworden sind, physisch zu beseitigen. Dieses Vorgehen ist gerecht, wird vom Volk begriffen und unterstützt und vermindert erheblich die Gefahr der Infiltration und der feindlichen Sabotage.

Für einen vollständigen Sieg im Kampf gegen Spione und Denunzianten ist es notwendig, einen Apparat der Gegenspionage und Gegeninformation aufzubauen. Das Thema der Information beschränkt sich aber nicht nur auf die Kenntnis der feindlichen Vorhaben und die Verhinderung der feindlichen Infiltration. Die Information muss weitreichend sein und selbst scheinbar unbedeutende Dinge umfassen. Der Stadtguerillero muss die vorhandenen Möglichkeiten, an Informationen zu gelangen, beherrschen. Die Technik besteht darin, jemanden auf vollkommen natürliche und unverfängliche Weise auszuhorchen, so, als ob man ein ganz normales Gespräch führt. Da der Stadtguerillero sich inmitten des Volkes befindet und bewegt, hat er auf alle möglichen Unterhaltungen und menschlichen Beziehungen zu achten, dabei aber mit viel Phantasie und Geschick seine eigenen Interessen zu verbergen.

Am Arbeits-, Studien- und Wohnort kann er unzählige Informationen über Zahlungen, Geschäfte, Pläne, Standpunkte, Meinungen, persönliche Stimmungen, Reisen, Gebäude, Geschäftsräume, Säle, Operationszentren usw. sammeln. Beobachtungen, Nachforschungen, Aufklärungsaktionen und Geländeuntersuchungen sind ebenfalls ausgezeichnete Informationsquellen. Ein Stadtguerillero wird niemals unaufmerksam und ohne die Wachsamkeit des Revolutionärs irgendeinen Ort passieren, er ist immer auf der Suche nach Möglichkeiten für eine Aktion. Sein Gedächtnis nimmt alles, was für die Aktivität des Kämpfers sofort oder zukünftig wichtig sein kann, auf, er hat ständig offene Augen und Ohren und hellwache Sinne.

Die genaue Lektüre der Zeitungen, das Verfolgen der übrigen Massenkommunikationsmittel, das Ordnen der gesammelten Daten, die Weiterleitung von Nachrichten und allem, was Aufmerksamkeit erregt, ständige Eigeninformation und der Informationsaustausch mit anderen Revolutionären – dies alles umfasst der riesige und schwer durchschaubare Komplex der Informationslogistik, der dem Stadtguerillero einen entscheidenden Vorteil verschafft.

Die Entscheidungsfreudigkeit

Es genügt für den Stadtguerillero nicht, die Überraschung, Schnelligkeit, Geländekenntnis und Informationen auf seiner Seite zu wissen. Er muss zusätzlich Entscheidungsfreude und -fähigkeit besitzen, denn ohne diese sind die anderen Vorteile wertlos. Selbst eine gut geplante Aktion kann nicht durchgeführt werden, wenn sich der Guerillero unentschlossen, unsicher und wankelmütig verhält. Auch eine anfänglich erfolgreiche Aktion kann scheitern, wenn während der praktischen Durchführung plötzlich Entscheidungswille und -fähigkeit ausfallen; ist beides nicht vorhanden, dann wird die entstandene Leere gewöhnlich durch Wankelmut und Angst gefüllt. Der Feind wird diese Schwäche nutzen und uns vernichten.

Das Geheimnis der erfolgreichen Aktion, einer leichten oder schwierigen, einfachen oder komplizierten, besteht darin, dass man auf entschlossene Männer zählen[8] kann. In der Tat gibt es keine leichten Aktionen, denn jede muss mit den gleichen Vorkehrungen durchgeführt werden, die man bei den schwierigsten trifft, angefangen bei der Wahl der teilnehmenden Personen. Diese müssen entscheidungswillige und fähige Leute sein, die ihre Fähigkeiten schon einmal unter Beweis gestellt haben.

Es kann fast vorhergesagt werden, ob eine Aktion erfolgreich sein wird oder nicht, wenn man in der Vorbereitungszeit die Verhaltensweisen der ausführenden Personen beobachtet. Wenn sie unpünktlich sind, Kontakte verlieren, leicht zu verwirren sind, Dinge vergessen und niedrigste Arbeitsnormen nicht erfüllen, handelt es sich möglicherweise um wenig entschlossene Menschen, die Schaden anrichten können. Es ist besser, sie nicht in die Aktion einzubeziehen. Sich entscheiden zu können, bedeutet Entschlossenheit, Kühnheit und nicht zu erschütternde Standfestigkeit bei der Durchführung des vorgesehenen Plans.

---

[8] in der deutschen RAF (›Rote Armee Fraktion‹) nahmen häufig Frauen die Führungsrolle ein

Aktionsziele des Stadtguerillero

IN SEINER ENTWICKELTEN TECHNIK stützt sich der Stadtguerillero bei den Aktionsformen auf den Angriff, der hierzulande im brasilianischen Fall zum Ziel hat:

1. das Lebensdreieck des brasilianischen staatlichen Systems und der nordamerikanischen Herrschaft in Brasilien zu erschüttern, ein Dreieck, dessen Ecken Rio, Sao Paulo und Belo Horizonte sind und dessen Basis die Achse Rio – Sao Paulo ist und in dem sich ein gigantischer industrieller, finanzieller, ökonomischer, politischer, kultureller, militärisch-polizeilicher Komplex befindet, der die ganze Entscheidungsmacht des Landes in sich vereinigt.

2. die örtlichen Wachen oder Sicherheitssysteme der Diktatur zu schwächen, indem wir sie angreifen und sie in die Verteidigung drängen, wodurch die Regierung in eine Defensivposition gerät und ihre Truppen aus Angst vor einem Angriff auf ihre nervlichen und strategischen Zentren, auf die Verteidigung dieses nationalen Lebenskomplexes konzentrieren muss, ohne jemals zu wissen, woher, wie und wann ein solcher Angriff kommen wird.

3. von verschiedenen Seiten mit einer großen Zahl von bewaffneten Gruppen anzugreifen, die untereinander nur eine lose oder überhaupt keine Verbindung aufweisen, mit dem Ziel, die Kräfte der Regierung bei der Verfolgung einer fragmentarischen Organisation auseinanderzureißen, statt ihr die Möglichkeit zu bieten, ihren Repressionsapparat auf die Zerschlagung einer geschlossenen Organisation auf nationaler Ebene zu konzentrieren.

4. Proben unserer Kampfbereitschaft, Entschlossenheit, Beharrlichkeit, Zielstrebigkeit und Ausdauer im Angriff gegen die Militärdiktatur zu geben, damit alle Unzufriedenen die Möglichkeit sehen, unserem Beispiel folgend die Taktik des Stadtguerillero anzuwenden. Die Regierung verliert dadurch

Zeit und Energien und wird ständig in Atem gehalten, denn sie ist unfähig, die Guerilla-Aktionen in der Stadt zu unterbinden und wird somit gezwungen vor Banken, Industrieanlagen, Waffenläden, Garnisonen, Gefängnissen, öffentlichen Büros, Radio- und Fernsehstationen, nordamerikanischen Firmen, Gaswerken, Raffinerien, Schiffen, Flugzeugen, Häfen, Flughäfen, Krankenhäusern, Blutbanken, Kaufhäusern, Garagen, Botschaften, Wohnungen hoher Persönlichkeiten des Regimes und der Minister und Generäle, Polizeistationen sowie anderen Stationen der offiziellen Organe ihre Truppen zu postieren.

5. graduell die Aktivität der Stadtguerilla in einer unablässigen Folge unvorhersehbarer Aktionen so zu verstärken, dass die Truppen der Regierung sich nicht ausschließlich auf die Verfolgung der Guerilleros im Landesinneren konzentrieren können, ohne die Gefahr ungeschützter Städte und wachsender Rebellion im Küstengebiet in Kauf zu nehmen.

6. durch einen ständigen Alarmzustand und eine wachsende nervliche Spannung in Erwartung eines Angriffs bzw. bei der Suche nach Spuren, die wie Rauch verschwinden, dem Heer und der Polizei – eingeschlossen die Kommandanten und untergeordneten Führer –, den relativen Komfort und die relative Ruhe der Garnisonen und Routinefreizeiten nicht genießen zu lassen.

7. offene Kämpfe und entscheidende Schlachten mit den Regierungstruppen zu vermeiden, indem wir uns auf kurze und schnelle Angriffe beschränken und dabei blitzartig Erfolge erzielen.

8. dem Stadtguerillero eine maximale Bewegungsfreiheit zu verschaffen, ohne dass wir dabei jemals auf die Anwendung bewaffneter Gewalt verzichten, weiter mit Entschlossenheit an der Entfaltung der Guerilla auf dem Land zu arbeiten und sie bei der Bildung eines nationalen Befreiungsheeres zu unterstützen.

Aktionsformen des Stadtguerillero

DAMIT ER die vorher aufgezählten Ziele erreichen kann, ist der Stadtguerillero gezwungen, Aktionsarten unterschiedlichster Natur und möglichst vielseitiger Art anzuwenden. Es ist nicht Sache der willkürlichen Entscheidung, ob zu dieser oder jener Art der Aktion gegriffen wird. Einige der Aktionen sind einfach, andere sind komplizierter. Der unerfahrene Stadtguerillero muss bei Aktionen und Operationen eingesetzt werden, die zunächst einfach sind und dann immer schwieriger werden. Er beginnt mit kleinen Missionen und Aufgaben und wird nach und nach zu einem erfahrenen und unverzichtbaren Stadtguerillero.

Vor dem Beginn jeder Aktion hat der Stadtguerillero an die Mittel und die Mannschaft zu denken, die er für die Durchführung benötigt. Operationen und Aktionen, deren Ausführung einer technischen Vorbereitung bedürfen, können niemandem übertragen werden, dem diese Vorbereitung fehlt. Wenn dies beachtet wird, können wir die folgenden Aktionsarten des Stadtguerillero nennen: a) Überfälle b) Eindringen in feindliche Objekte c) Besetzungen d) Hinterhalte e) Straßentaktiken f) Streiks und Arbeitsunterbrechungen g) Desertionen h) Erbeutung und Enteignung von Waffen, Munition und Explosivwaffen i) Befreiung von Gefangenen j) Hinrichtungen k) Entführungen l) Sabotage m) Terrorismus n) bewaffnete Propaganda o) Nervenkrieg.

Überfälle

Der Überfall ist ein bewaffneter Angriff mit dem Ziel, Mittel zu enteignen, Gefangene zu befreien, Explosivwaffen, Maschinengewehre und andere Waffen sowie Munition zu erbeuten. Überfälle können am helllichten Tag und in der Nacht durchgeführt werden; am Tage jene, deren Ziel zu anderen Zeiten nicht erreicht werden kann, wie z. B. bei Geldtransporten der Banken, die nachts nicht stattfinden. Nachtüberfälle können bei anderen

Objekten für den Stadtguerillero vorteilhafter sein. Der Überfall bei Nacht ist ideal, da das Überraschungsmoment stärker zur Wirkung kommt und die Dunkelheit bei der Flucht und der Tarnung hilft. Der Stadtguerillero muss dennoch darauf vorbereitet sein, in jeder Situation, bei Tag und bei Nacht zu handeln. Bei folgenden Objekten führen Überfälle am ehesten zum Erfolg: Kreditinstitute; Handels- und Industrieunternehmen, einschließlich Waffen- und Sprengstofflager; Militäranlagen; Polizeistationen; Gefängnisse; Regierungsgebäude; Anlagen der Massenkommunikationsmittel; nordamerikanische Firmen und ihr Eigentum; Fahrzeuge der Regierung, des Militärs, der Polizei – und zwar auch Lastwagen, gepanzerte Fahrzeuge, Geldtransporte, Züge, Schiffe und Flugzeuge.

Überfälle auf Gebäude sind immer gleicher Natur, da wir uns vor Anlagen befinden, die feste Angriffsziele bieten. Solche Überfälle werden als Guerilla-Operationen geplant und den Erfordernissen entsprechend vorbereitet, je nachdem, ob es sich um Banken, Handelshäuser, Industrieanlagen usw. handelt.

Überfälle auf Fahrzeuge, Züge, Schiffe, Flugzeuge sind wegen der beweglichen Ziele anderer Natur. Die Natur der Operation hat sich der jeweiligen Situation und Gegebenheit anzupassen, d. h. je nachdem, ob der Überfall einem sich bewegenden oder einem stationären Objekt gilt.

Gepanzerte Fahrzeuge, auch die des Militärs, sind durch Minen verwundbar. Hindernisse auf den Wegen, Hinterhalte, Fallen, Aufhalten durch andere Fahrzeuge, Molotowcocktails, Einsatz schwerer Waffen – all das sind wirksame Mittel bei Überfällen auf Fahrzeuge. Schwere Fahrzeuge, Flugzeuge am Boden und Schiffe vor Anker können gekapert werden, die Besatzung und die Wachen überrumpelt werden. Flugzeuge in der Luft können zur Kursänderung gezwungen werden, sowohl durch Gruppen- als auch durch Einzelaktionen. Schiffe und Züge in Fahrt können Ziele von Guerilla-Operationen werden, um uns der Waffen und der Munition zu bemächtigen oder den Transport von Truppen zu verhindern.

Der Banküberfall,
populärste Art des Überfalls

Banküberfälle sind zu der populärsten Art von Überfällen geworden. In Brasilien hat die Stadtguerilla damit begonnen, Banküberfällen den Charakter eines ihrem Operationsmodus innewohnenden Faktors zu verleihen. Diese Überfallart ist häufig geworden und dient dem Stadtguerillero als eine Art ›Vor-Examen‹, in dem die Technik des revolutionären Krieges erlernt werden kann. Die Technik des Banküberfalles hat inzwischen deutliche Verbesserungen erreicht, wodurch Flucht, Erbeutung des Geldes und unerkanntes Entkommen gesichert werden. Dazu trägt insbesondere die Zerstörung der Fahrzeugreifen bei, die eine Verfolgung wirkungsvoll verhindert; die Personen einzusperren oder sie zu zwingen, sich auf den Boden zu setzen; die Bankwachen zu fesseln und zu entwaffnen, sie zu zwingen, Geldkassetten und Panzerschränke zu öffnen; das Benutzen von Verkleidungen seitens unsere Leute.

Versuche, Alarmanlagen in den Banken zu installieren, sie mit Wachen und nordamerikanischen elektronischen Geräten auszurüsten, bringen keinen Erfolg, wenn es ein politischer Überfall ist, der entsprechend der Taktik der Stadtguerilla ausgeführt wird. Diese versucht mit neuen Mitteln die technischen Verbesserungen des Feindes aufzuheben und ihnen zu begegnen. Auch eine täglich wachsende, ausgefeilter werdende und mehr wagende Feuerkraft kommt zum Tragen, ebenso wie eine anwachsende Zahl von Revolutionären. Dadurch wird der Erfolg von bis ins kleinste Detail geplanten Aktionen gesichert.

Der Banküberfall ist eine typische Enteignungsaktion, bei der wie bei jeder Enteignungsaktion der Revolutionär mit einer doppelten Konkurrenz zu rechnen hat:

1. die des Marginale[9]
2. die des rechten Konterrevolutionärs

---

[9] gemeint sind Banditen, »gewöhnliche« Verbrecher

Diese Konkurrenz ist ein Faktor, der das Volk verunsichert. Um dies zu verhindern, muss der Stadtguerillero zwei Dinge beachten:

1. Er muss auf die Technik der Marginales verzichten, d. h. er darf nicht unnötige Gewalt anwenden und die Güter und Sachen des Volkes nicht antasten.

2. Der Überfall muss schon während der Ausführung als Mittel der Propaganda genutzt werden, und zwar durch das Verteilen von Flugblättern, die über Ziele und Zwecke der Aktion des Stadtguerillero und den Sinn der Enteignung aufklären.

Eindringen in feindliche Objekte (›Invasionen‹)

Die Invasion ist eine Art von schnellem Angriff auf Anlagen in Vororten und auch im Stadtzentrum, auf kleinere militärische Stationen, Polizeistationen, usw. mit dem Ziel, Schaden anzurichten, Waffen zu erbeuten, den Feind zu terrorisieren oder gefangene und unter Polizeiaufsicht stehende Personen zu befreien. Diese Aktion kann auch zum Ziel haben, in Garagen und Depots Fahrzeuge und Anlagen zu zerstören, vorwiegend die der nordamerikanischen Firmen.

Wenn dies auf ausgesuchten Straßenabschnitten oder in bestimmten entfernten Regionen stattfindet, können diese Attacken dazu dienen, den Feind zu zwingen, eine große Anzahl von Truppen zu bewegen, letztlich eine völlig vergebliche Anstrengung, da sie niemanden zum Kämpfen finden werden.

Wird die Invasion gegen bestimmte Wohnungen, Archive und öffentliche Büros angewendet, so dient sie der Entwendung geheimer Dokumente und Papiere zur Aufdeckung von Betrügereien, Abmachungen und Korruption der Regierungsbeamten; sowie dazu, ihre schmutzigen Geschäfte und kriminellen Transaktionen mit Nordamerikanern nachweisen zu können. Erfolg versprechend ist ein Eindringen in feindliche Objekte bei Nacht.

Besetzungen

Besetzungen werden als Angriffsart von den Stadtguerilleros durchgeführt und angewandt, um bestimmte Anlagen und Orte zur Durchführung einer Propagandaaktion in die Hand zu bekommen. Dem Feind wird dabei nur für die Zeit der Besetzung Widerstand geleistet. Fabriken und Schulen werden während Streiks und in anderen Situationen besetzt, um zu protestieren oder die Aufmerksamkeit des Feindes von anderen Aktionen abzulenken. Rundfunkstationen werden zum Zwecke der Propaganda besetzt. Die Besetzung ist eine effektive Arbeitsmethode. Damit in unseren Reihen dabei keine persönlichen und materiellen Verluste auftreten, ist stets eine geplante Rückzugsmöglichkeit offenzuhalten, die im gegebenen Augenblick wahrgenommen werden kann ist. Die Besetzung ist immer zeitlich begrenzt, und je schneller sie erledigt wird, desto besser.

Hinterhalte

Beim Hinterhalt, einem typischen Überraschungsangriff, wird der Feind, während er eine Landstraße überquert, während einer Polizeirazzia oder beim Umzingeln eines Hauses oder eines größeren Grundstücks überfallen. Der Feind kann mittels einer falschen Nachricht in eine Falle gelockt werden und so in den Hinterhalt geraten.

Wichtigstes Ziel des Hinterhalts ist das Erbeuten von Waffen und die Vernichtung des Feindes, doch können in einem organisierten Hinterhalt auch Personenzüge zu Zwecken der Propaganda angehalten werden. Handelt es sich aber um einen Truppentransportzug, so sind die Truppen zu vernichten und ihre Waffen zu erbeuten. Der zum Heckenschützen ausgebildete Stadtguerillero ist für diese Kampfart besonders geeignet, da er sich in Geländeunebenheiten, auf Dächern, Baugelände und in Zimmerfluchten leicht verstecken und von dort das ausgesuchte Zielobjekt sicher treffen kann. Im Hinterhalt werden dem Feind schwere Schäden zugefügt, er wird entnervt, verunsichert und verängstigt.

Straßenkämpfe

Straßenkämpfe werden angewandt, um die Massen mit in den Kampf einzubeziehen. 1968 haben brasilianische Studenten solche Taktiken hervorragend gegen Truppen und Polizei eingesetzt, z. B. als die Demonstranten entgegengesetzt der Verkehrsrichtung liefen und gegen die Kavallerie Schleudern und Murmeln als Waffen benutzten. Andere Straßentaktiken bestanden darin, Barrikaden zu bauen, Pflastersteine aus der Straße zu reißen und mit ihnen die Polizei zu bewerfen; Gegenstände wie Flaschen, Ziegelsteine, Mülleimer und ähnliche Projektile aus Fenstern von Gebäuden und Büros auf die Polizei zu werfen. Im Bau befindliche Gebäude können für die Flucht, als Versteck, Nachschubbasis für Wurfmaterial und Stützpunkt für Überraschungsangriffe genutzt werden.

Wir müssen den Taktiken des Feindes antworten können. Schützt die Polizei sich mit Schildern gegen Wurfgeschosse, dann müssen wir in zwei Gruppen, eine von vorn und eine von hinten, angreifen. Tritt eine von beiden dann in Aktion, hat sich die andere zurückzuziehen, damit sie nicht selbst getroffen wird. Ebenso wichtig ist es, der Einkesselung durch die Polizei zu begegnen. Sind einige Polizisten beauftragt, in die Menge einzudringen, um Demonstranten zu verhaften, müssen sie von einer größeren Gruppe Stadtguerilleros umzingelt, entwaffnet und bestraft werden. Gleichzeitig erhält der zu Verhaftende Zeit zur Flucht. Diese Operation der Stadtguerilleros nennen wir »Umzingelung innerhalb der Umzingelung«.

Wenn die Polizei Lehranstalten, Fabriken, Versammlungsorte und andere Punkte umstellt, darf sich der Guerillero nicht überraschen lassen und sich nicht ergeben. Der Feind ist hierbei darauf angewiesen, Polizisten in Privatfahrzeugen zu transportieren und strategisch wichtige Punkte einzunehmen, um in das Gebäude oder in das Versammlungslokal einzudringen. Ein Stadtguerillero darf aber niemals ein Gebäude oder Lokal betreten oder sich dort mit anderen treffen, ohne vorher zu wissen, wie der Fluchtweg aussieht, wie der Umzingelung zu entkommen ist, welche strategisch wichtigen Punkte von der Polizei besetzt werden können, und welche Wege unweigerlich in einer Umzingelung enden. Er muss weitere strategisch wichtige Punkte besetzen können, von denen aus er den Feind schlagen kann. Wege und Parkplätze, die von der Polizei benutzt werden, sind zu verminen, damit die Fahrzeuge in die Luft gesprengt werden. Den Polizisten müssen verlustreiche Fallen gestellt werden, in denen sie Opfer eines Hinterhalts werden. Die Einkreisung muss durch Fluchtwege umgangen werden können, die der Polizei unbekannt sind. Die alles umfassende Planung des Rückzuges ist die beste Garantie, um Einkreisungsversuche des Feindes zu verhindern. An Orten, die einen Fluchtplan nicht ermöglichen, müssen Versammlungen und Zusammenkünfte vermieden werden, da andernfalls der vom Feind versuchten Umzingelung vielleicht nicht zu entkommen ist.

Bei diesen Straßentaktiken hat sich der Typ des neuen Stadtguerillero herausgebildet, der an Massendemonstrationen teilnimmt, und ihn nennen wir den demonstrierenden Stadtguerillero. Er nimmt an Märschen und anderen Demonstrationsarten des Volkes mit spezifischen und genau definierten Aufgaben teil. Diese bestehen darin, Steine und andere Projektile zu werfen, mit Benzin Feuer zu legen, auf Polizisten zu schießen und ihre Waffen zu erbeuten; Agenten des Feindes und Provokateure zu entführen, daneben mit absoluter Treffsicherheit auf Häscher, Folterknechte und Polizeichefs, die, um nicht erkannt zu werden, in Privatwagen mit falschen Nummern fahren, zu schießen. Er hat weiter die Taktik der ›Umzingelung in der Umzingelung‹ anzuwenden, Regierungs- und Polizeifahrzeuge nach Waffen und Geld zu durchsuchen und sich dieser Dinge zu bemächtigen. Die Fahrzeuge sind sodann umzustürzen und anzuzünden. Heckenschützen üben in Zusammenarbeit mit den demonstrierenden Stadtguerilleros eine wichtige Funktion aus. An strategisch wichtigen Punkten versteckt, setzen sie den Feind mit Jagdgewehren und Maschinenpistolen usw. außer Gefecht.

Streiks und Arbeitsunterbrechungen

Der Streik als Aktionsform wird vom Stadtguerillero in Fabriken und Lehranstalten angewandt, um durch Arbeits- und Studienunterbrechungen den Feind zu schädigen. Der Streik ist eine der gefürchtetsten Waffen, die den Ausgebeuteten und Unterdrückten zur Verfügung stehen. Daher wendet der Feind dagegen große Feuerkraft und abscheuliche Gewalttaten an. Streikende werden in Gefängnisse gesteckt, brutal misshandelt und oftmals ermordet. Ein Streik ist daher so vorzubereiten, dass niemals Spuren die Führer dieser Aktion verraten können. Er ist dann am erfolgreichsten, wenn er über kleine Gruppen organisiert wird, die darauf achten, ihn geheim und mit größter Vorsicht vorzubereiten.

Waffen, Munition, Molotowcocktails, Eigenbauwaffen: das alles muss vorhanden sein, bevor dem Feind entgegengetreten werden kann. Eine gleichzeitig durchgeführte, gut geplante Sabotage-Aktion richtet überall großen Schaden an. Aber auch schon kurze Arbeits- und Hochschulstreiks können dem Gegner massiv schaden. Dabei ist es sinnvoll, an verschiedenen Orten gleichzeitig aufzutreten, das tägliche Leben zu stören und nach Guerillataktik ständig die Standorte zu wechseln.

Bei Streiks und einfachen Arbeitsunterbrechungen kann der Stadtguerillero Lokale besetzen oder kurzfristig in sie eindringen. Dabei kann er Geiseln nehmen und feindliche Agenten entführen, die gegen verhaftete Streikende ausgetauscht werden können. Streiks und Arbeitsunterbrechungen dienen auch der Vorbereitung von Fallen und Hinterhalten, in denen Polizisten, die wegen ihrer grausamen Foltermethoden bekannt sind, physisch beseitigt werden. Wichtig ist, dass dem Feind materielle und moralische Schäden zugefügt werden und er sich dadurch abnutzt.

Desertion, Erbeutung von Waffen, Munition und Sprengstoffen

Desertion und Abzweigung von Waffen werden gegenwärtig in Kasernen, Militärkrankenhäusern, auf Schiffen usw. durchgeführt. Ein Stadtguerillero, der gleichzeitig Militärangehöriger ist, muss im geeigneten Augenblick desertieren und dabei moderne Waffen und Munition mitnehmen, die der brasilianischen Revolution zur Verfügung gestellt werden.

Ein solcher Augenblick ist gegeben, wenn er einen Guerillakameraden verfolgen und bekämpfen soll. Statt den Befehlen der Offiziere zu folgen, schließt er sich den Revolutionären an und übergibt ihnen die in den Kasernen vorgefundenen Waffen und Munition. Diese Methode hat den Vorteil, dass die Revolutionäre Waffen und Munition von Heer, Marine, Luftwaffe, Militärpolizei oder Zivilpolizei in die Hände bekommen, und das noch mit den Transportmitteln der Regierung.

Der Guerillero muss stets auf alle möglichen Situationen in den Kasernen gefasst sein. Im Falle von Nachlässigkeit der Befehlsstäbe, von bürokratischem und lässigem Dienst seitens des untergeordneten und inneren Personals muss der Militärguerillero sofort die Organisation in Kenntnis setzen und allein oder begleitet desertieren. Dabei hat er alles mitzunehmen, was ihm in die Hände fällt. Auf Grund der Information und Teilnahme durch den Militärguerillero kann zwecks Waffenerbeutung dann in Kasernen und militärische Anlagen eingedrungen werden.

Wenn bei der Desertion keine Möglichkeit vorhanden ist, Waffen und Munition mitzunehmen, muss er durch Sabotage Waffen- und Munitionslager anzünden und zur Explosion bringen. Diese Technik des Desertierens unter Mitnahme von Waffen und Munition, das Eindringen und die Sabotage in Kasernen sind wirksame Methoden, Soldaten zu ermüden, zu demoralisieren und in Verzweiflung zu bringen.

Der Waffenfang wird vom Stadtguerillero ausgeführt, um sich der Waffen zu bemächtigen, die vom Feind individuell mitgeführt werden. Sie sind meist im Besitz von Wachen und Personen mit ähnlichen Aufgaben und werden durch Gewaltanwendung, Arglist oder eine Falle erbeutet. Nach der Entwaffnung ist der Feind immer gründlich nach weiteren Waffen zu durchsuchen, sonst wendet er eine nicht gefundene Waffe gegen den Stadtguerillero an. Die Methode des Waffenfangs ermöglicht es, uns die wichtigste Waffe der Stadtguerilla, die Maschinenpistole, anzueignen. Die Ausbeute kleinerer Aktionen kann für den persönlichen Gebrauch oder für die Bewaffnung und Versorgung der Feuergruppen verwandt werden.

Wegen der unbedingten Notwendigkeit, den Stadtguerillero zu bewaffnen, sind wir gezwungen, einzelne Waffen zu kaufen oder bei Aktionen zu erbeuten. Unsere Kraft basiert auf unserer Entschlossenheit und Kühnheit und wird durch eine Maschinenpistole multipliziert. Bei Banküberfällen müssen die Waffen der Wachen, die aus den Panzerschränken, und die des Kassierers oder Bankdirektors mitgenommen werden. Um weitere Waffen zu erhalten, können wir auf die Taktik des Hinterhalts, in den Polizisten mit ihren Fahrzeugen gelockt werden, zurückgreifen, sowie in Polizeistationen eindringen. Der Militärguerillero kann Waffen, Munition und Sprengstoff auch enteignen, indem er Waffengeschäfte, Industrien und Waffenfabriken überfällt.

Die Befreiung verhafteter Stadtguerilleros

Verhaftete Stadtguerilleros werden durch eine bewaffnete Aktion befreit. Die Gefahr einer Verhaftung und Verurteilung zu vielen Jahren Zuchthaus ist beim täglichen Kampf gegen den Feind gegeben. Das Gefängnis beendet aber nicht den revolutionären Kampf des Guerillero, er bereichert seine Erfahrung, die er auch in seinem Kerker anwendet. Der verhaftete Stadtguerillero betrachtet das Gefängnis als ein Gelände, das er zwecks einer befreienden Guerillaoperation genau kennen muss. Auf keiner Insel und in keiner Stadt gibt es ein Gefängnis, das nicht mit

Kühnheit, Arglist und Feuerkraft der Revolutionäre eingenommen werden könnte. Für den freien Stadtguerillero ist das feindliche Zuchthaus ein Terrain, in dem unvermeidlich bewaffnete Aktionen durchgeführt werden müssen. Die Aktion der Gefangenenbefreiung ist gekennzeichnet durch die Zusammenarbeit freier Stadtguerillero und verhafteter Stadtguerillero.

Guerilla-Operationen, die zur Befreiung von Gefangenen eingesetzt werden können, sind wie folgt:

1. Angriffe auf Strafanstalten, Strafkolonien oder Inseln; auch auf Gefangenentransporte oder Boote.

2. Angriffe auf ländliche oder städtische Strafvollzugsanstalten, Haftanstalten, Polizeistationen, Gefangenenlager oder andere Orte, an denen Gefangene vorübergehend oder ständig festgehalten werden.

3. Überfälle auf Züge und andere Fahrzeuge, die dem Gefangenentransport dienen.

4. Eindringen in Gebäude, in denen Gefangene interniert sind.

5. Durch Hinterhalte die Bewacher ausschalten.

Die Hinrichtung

Durch die Hinrichtung werden nordamerikanische Spione, Agenten der Diktatur, Polizisten, die wegen ihrer Foltermethoden bekannt sind, faschistische Persönlichkeiten der Regierung, die Patrioten verfolgt und ermordet haben oder daran beteiligt waren, Verräter, Polizeiinformanten und Provokateure getötet. Alle, die aus eigenem Antrieb bei der Polizei Guerilleros anzeigen, denunzieren oder Hinweise geben, die zur Erkennung von Guerilleros führen, müssen vom Stadtguerillero hingerichtet werden, sobald sie in seinen Händen sind. An der immer geheimen Aktion einer Hinrichtung nehmen nur die unbedingt notwendigen Stadtguerilleros teil. Oft genügt ein einziger Heckenschütze, der einsam und unbekannt, aber geduldig und kaltblütig im Untergrund wartet und handelt.

Die Entführung

Bei der Entführung werden Polizeiagenten, nordamerikanische Spione, politische Persönlichkeiten und notorische und gefährliche Feinde der revolutionären Bewegung gefangen genommen, an einen geheimen Ort gebracht und bewacht. Ziel ist, sie gegen gefangene revolutionäre Kameraden auszutauschen oder deren Folterungen in den Kerkern der Militärdiktatur ein Ende zu setzen.

Die Entführung bekannter, aber unpolitischer Persönlichkeiten des öffentlichen Lebens, des Sports und anderer Berufe kann der Propaganda für die patriotischen und revolutionären Ziele des Stadtguerillero dienen, jedoch hat sie unter besonderen Umständen zu erfolgen und muss vom Volk begriffen und verstanden und gut aufgenommen werden. Die Entführung von Nordamerikanern, die hier wohnen oder sich zu Besuch aufhalten, stellt einen Protest gegen das imperialistische Eindringen und Beherrschen unseres Landes durch die Vereinigten Staaten dar.

Die Sabotage

Die Sabotage hat einen zerstörenden Charakter und kann von wenigen Personen, manchmal von einer einzigen, durchgeführt werden. Die erste Phase auf dem Weg der Sabotage ist die isolierte Sabotage, der die Phase der verallgemeinerten, vom Volk ausgeführten Sabotage folgt. Soll sie erfolgreich sein, so erfordert sie ein genaues Studium, eine detaillierte Planung und eine sehr sorgfältige Ausführung. Charakteristische Formen der Sabotage sind Dynamitexplosionen, Brände und Verminungen. Etwas Sand im Getriebe, kleine Lecks im Kraftstofftank, falsche Ölung, entfernte Schrauben, Kurzschlüsse, Holz und Eisenstücke können nicht zu reparierende Schäden anrichten.

Durch die Sabotage werden lebenswichtige Anlagen des Feindes beschädigt, zerstört und unbrauchbar gemacht.

Zielobjekte können sein:

1. die Wirtschaft des Landes
2. die landwirtschaftliche oder industrielle Produktion
3. das Transport- und Kommunikationssystem
4. das Militär- und Polizeisystem einschließlich der Anlagen und Lager
5. das Unterdrückungssystem von Militär und Polizei
6. Unternehmen und Besitz der Nordamerikaner, die sich im Land befinden

Der Stadtguerillero muss die Wirtschaft des Landes vor allem unter dem finanziellen Aspekt schädigen, dabei u. a. das innere und äußere Handelsnetz, Banksystem, das Devisengeschäft, die Steuereinnahmen.

Leichte Sabotageobjekte gelten öffentlichen Büros, Dienstleistungsbetrieben und Lagern der Regierung. Wenn der Guerillero gut über die lokale Situation informiert ist, kann die landwirtschaftliche und industrielle Produktion vor seinen Sabotageaktionen nicht geschützt werden. Stadtguerilleros erfüllen als Industriearbeiter hervorragend die Bedingungen der Sabotage. Sie sind es, die im Gegensatz zu einem nicht Eingeweihten genau wissen, welche Industrieanlagen, Maschinen und Maschinenteile zu zerstören sind, um einen ganzen Wirtschaftszweig lahmzulegen.

Das Transport- und Kommunikationssystem des Feindes ist, angefangen beim Eisenbahnnetz, systematisch zu sabotieren. Doch dürfen dabei keine Passagiere getötet werden, vor allem nicht bei den Stadt- und den Landzügen. Die großen Sabotageziele sind Lastwagen und das übrige fahrende und stehende Material, um Militärtransporte zu verhindern. Dazu können Schienen und Schwellen beschädigt oder entfernt werden; durch Explosionen verschüttete Tunneleingänge der Eisenbahn sowie durch entgleiste Wagen blockierte Tunnel verursachen große Schäden. Durch die Entgleisung eines Zuges, der Kraftstoff transportiert, wird der Feind an einer wunden Stelle getroffen.

Das gleiche erreicht man mit gesprengten Brücken. Wegen Größe und Gewicht des rollenden Materials dauert die Wiederherstellung Monate. Landstraßen können mit umgestürzten Bäumen, quergestellten Fahrzeugen, Gräben, durch Explosionen gelockerte Sockel und zerstörte Brücken blockiert werden. Flugzeuge können auf dem Boden durch Sabotage zerstört werden. Telefonleitungen können systematisch durch Umlegen der Masten und Beschädigen der Kabel unbrauchbar gemacht werden.

Transport- und Kommunikationsmittel müssen von jetzt an sabotiert werden, denn der revolutionäre Kampf hat in Brasilien schon begonnen, und der Feind muss daran gehindert werden, Truppen, Waffen und Munition frei zu bewegen.

Ölleitungen, Kraftstofftanks, Bomben und Munitionslager, Pulvermagazine und Arsenale, Kasernen und Polizeistationen müssen zu den beispielgebenden Sabotageobjekten werden; Fahrzeuge der Polizei und des Militärs, vor allem Lastwagen, müssen überall dort, wo sie gefunden werden, zerstört werden. Die polizeilichen und militärischen Unterdrückungszentren sowie deren spezifische Organe sind vom sabotierenden Stadtguerillero genau und sehr aufmerksam zu beobachten. Unternehmen und Besitztümer der Nordamerikaner müssen mit einer Aktivität sabotiert werden, die die Aktionen gegen die anderen lebenswichtigen Punkte des Feindes bei weitem übertrifft.

Der Terrorismus

Bei der Ausübung des Terrorismus werden Bomben und andere Sprengkörper dort zur Zündung gebracht, wo ihre Wirkung nicht mehr gutzumachende Schäden anrichtet. Der Terrorismus erfordert vom Stadtguerillero theoretische und praktische Vorkenntnisse bei der Herstellung von Sprengkörpern. Obwohl er scheinbar leicht durchzuführen ist, unterscheidet er sich nicht von den übrigen Aktionen, deren Erfolg von der genauen Planung abhängt. Während der Aktion muss sich der Stadtguerillero außerordentlich kaltblütig, ruhig und entschlossen verhalten.

Zwar denkt man bei Terrorismus zunächst an Bomben und Explosionen, doch kann er ebenso die Hinrichtung und die Brandstiftung in Anlagen, Besitz und Lagern der nordamerikanischen Firmen usw. eine seiner Formen sein. Die Wichtigkeit von Bränden, der Herstellung von Brandbomben und der Benutzung von Kraftstoff für die revolutionäre Technik des Terrorismus muss betont werden. Ein weiterer wichtiger Punkt sind Plünderungen, zu denen der Stadtguerillero die durch die Gewinnsucht der großen Firmen verarmten und in Not geratenen Massen verleiten kann. Auf den Terrorismus als Waffe kann der Revolutionär niemals verzichten.

Die bewaffnete Propaganda

Jede einzelne und die Gesamtheit der bewaffneten Aktionen des Stadtguerillero sind Formen der bewaffneten Propaganda. Die Berichterstattung über die mit genau festgelegten Zielen durchgeführten Aktionen in den Massenkommunikationsmitteln wird unweigerlich zur Propaganda, wie auch Banküberfälle, Hinterhalte und Desertionen, Waffenenteignung, Gefangenenbefreiung, Hinrichtungen, Entführungen, Sabotage, Terrorismus und der Nervenkrieg. Flugzeugentführung und überfallene und unter Kontrolle gebrachte Schiffe können manchmal reine Propagandaaktionen der Revolutionäre sein.

Dennoch kann der Stadtguerillero nicht auf eine Untergrunddruckerei, Vervielfältigungsmaschinen und ähnliches zur Herstellung von kleinen Untergrundzeitungen, Pamphleten, Flugblättern und anderem Propagandamaterial gegen die Diktatur verzichten. Der als Drucker arbeitende Stadtguerillero erleichtert in erheblichem Maße die Einbeziehung von Teilen des Volkes in den revolutionären Kampf; also Menschen, die nicht als revolutionäre Einzelkämpfer ihr Leben aufs Spiel setzen, dennoch aber in der revolutionären Propaganda ständig mitarbeiten wollen.

Dem Erfindungsgeist des Stadtguerillero ist die Entwicklung von Katapulten, Mörsern und anderen Geräten überlassen, mit denen das Propagandamaterial an bestimmte Orte geschleudert werden kann.

Andere Formen der Propaganda sind Tonbandaufnahmen, Besetzung von Radiostationen und Lautsprecherzentralen, das Bemalen von Hauswänden und anderen, kaum zu erreichenden Flächen. Ihre Anwendung verlangt den Charakter einer bewaffneten Aktion. Mit Briefen, die an bestimmte Anschriften gerichtet sind und die Ziele der bewaffneten Aktionen erklären, kann auf bestimmte Bevölkerungsgruppen Einfluss genommen werden. Unsere Anstrengungen können jedoch nicht erreichen, dass durch Propaganda für die Aktionen der Stadtguerilleros die Unterstützung aller gewonnen werden kann. Es genügt jedoch, durch die Popularisierung der folgenden Losung die Unterstützung eines Teils zu gewinnen: »Wer nichts zugunsten der Revolutionäre unternehmen will, soll nicht gegen sie arbeiten.«

Der Nervenkrieg

Der Nervenkrieg oder psychologische Krieg ist eine aggressive Technik, bei der durch die Massenkommunikationsmittel und mündlich weitergegebene Nachrichten die Regierung demoralisiert werden soll. Beim diesem psychologischen Krieg ist die Regierung von vornherein im Nachteil. Sie übt bei den Massenkommunikationsmitteln die Zensur aus und befindet sich in der Defensive, wenn sie verhindern will, dass eine für sie schädliche Nachricht die Zensur umgeht. Diese Defensive lässt sie verzweifeln und widersprüchlich werden. Sie verliert Ansehen, Zeit und Energien bei der entnervenden Kontrolle, die dennoch jederzeit durchbrochen werden kann. Ziel des Nervenkrieg ist es, durch Lügen über Behörden falsche Informationen zu geben. Wenn dies die ganze Bevölkerung tut, wird in der Regierung ein nervöser Zustand der Diskreditierung, der Unsicherheit, der Ungewissheit und der Beunruhigung geschaffen.

Der Stadtguerillero kann im Nervenkrieg auf die folgenden Mittel zurückgreifen:

1. über Telefon und Post an Polizei und Regierung falsche Hinweise über die Stadtguerilla geben, einschließlich der Bomben und Terrordrohungen gegen öffentliche Büros und Lokale, Entführungs- und Morddrohungen usw. – Indem die Behörden diesen falschen Informationen Glauben schenken, werden sie abgenutzt.

2. falsche Pläne in die Hände der Polizei kommen lassen, um sie abzulenken.

3. durch Verbreitung von Gerüchten innerhalb der Regierung Unruhe auslösen.

4. durch die verschiedensten Mittel die Irrtümer, Entgleisungen und Korruptionen der Regierung ausbeuten, um sie zu zwingen, durch Selbstdarstellungen und Berichtigungen in den Massenkommunikationsmitteln sich selbst zu demaskieren.

5. bei ausländischen Botschaften, der UNO, dem apostolischen Nuntius[10], den internationalen Menschenrechts- und Pressefreiheitskommissionen Anklage erheben gegen jeden tatsächlichen Gewaltakt und jede Verletzung internationaler Rechte; dabei klarstellen, dass der revolutionäre Krieg fortschreiten und vor keinem Feind des Volkes haltmachen wird.

Wie Aktionen durchzuführen sind

DER STADTGUERILLERO, der seine Ausbildung durchlaufen hat und nun zum Handeln übergeht, muss bei der Aktion der Durchführungsmethode große Aufmerksamkeit widmen, ihm darf dabei kein Fehler unterlaufen. Jede Nachlässigkeit beim Erlernen und bei der Anwendung der Methode bedeutet ein sicheres Unheil, wie die tägliche Erfahrung zeigt. Die Marginales machen wegen der von ihnen angewandten Methoden oft Fehler; der Stadtguerillero muss sich daher stets bemühen, die revolutionäre Technik und nicht die der Banditen anzuwenden.

---

[10] diplomatische Vertretung des Vatikan

Es hat niemand den Namen Stadtguerillero verdient, der die revolutionäre Handlungsmethode nicht kennt oder darauf verzichtet, sie bei der Planung und Ausführung der Aktion genau zu beachten. Den Riesen erkennt man an seinen Fingern. Gleiches können wir vom Stadtguerillero sagen, den man von weitem durch die korrekte Anwendung der Methode und die Zuverlässigkeit seiner Mittel erkennen kann. Die revolutionäre Vorgehensweise bei der Aktion verlangt zwangsläufig die obligatorische Aneignung und Anwendung der folgenden Elemente:

a) Recherche und Information b) Beobachtung und Überwachung c) Aufklärung und Erkunden des Gebietes d) Studium und Zeitstoppung der Routen e) Karten f) Motorisierung g) Auswahl und notfalls Austausch des Personals h) Wahl der Bewaffnung i) Studium und Übung der Ausführung j) Ausführung an sich k) Deckung l) Rückzug m) Zerstreuung n) Freilassung und Austausch von Gefangenen o) Beseitigung von Spuren p) Rettung der Verwundeten

Einige Bemerkungen über die Methode

Wenn Aktionen nicht auf Grund bestehender Informationen erfolgen, so können Beobachtungen, Nachforschungen und Nachrichten durch beobachtende Leute die Grundlage sein. Auch diese Methode zeigt gute Ergebnisse. In allen Fällen ist es notwendig, die Objekte sorgfältig zu überwachen, auch dann, wenn schon eindeutige Informationen vorliegen, die dann überprüft werden können. Aufklärung und Erforschung des Geländes, Studium und Aufstellung von Zeitplänen sind sehr wichtig; ohne sie würde man gleichsam einen Sprung in die Dunkelheit riskieren.

Im allgemeinen wird die Bedeutung der Motorisierung für die Durchführung von Aktionen unterschätzt und oft leichtsinnig an den Schluss der Vorbereitungen gestellt. Die Motorisierung muss ernsthaft überlegt und lange vor Beginn der Aktion gesichert werden; sie erfordert eine rigorose Planung, und dies beginnt bereits mit den ersten Beobachtungen und Überwachungen, damit sie mit Sorgfalt und Umsicht durchgeführt werden können. Das Verbergen, Reparieren, Warten und Umfrisieren der enteigneten Fahrzeuge sind wesentliche Bestandteile der Motorisierung. Gelingt sie nicht planmäßig, dann ist damit die wichtigste Aktion gefährdet, was schwerwiegende materielle und moralische Konsequenzen für den Stadtguerillero nach sich ziehen kann. Bei der Auswahl des Personals ist sorgfältig darauf zu achten, dass Unentschlossene und Schwankende nicht eingesetzt werden, denn ihr Verhalten könnte sich auf die anderen Teilnehmer übertragen.

Der Rückzug ist mindestens ebenso wichtig wie die Operation an sich. Das geht so weit, dass er auch für einen möglichen Fehlschlag geplant werden muss. Dabei ist zu verhindern, dass Rettungsaktionen oder das Umsteigen auf bestimmte Fahrzeuge durch die Mitnahme von Kindern oder auffälligen Dingen erschwert werden. Es empfiehlt sich, Umsteigeaktionen mit größter Selbstverständlichkeit durchzuführen, und zwar an Stellen, an denen das Gelände schwer eingesehen und durch sehr schmale Engpässe das Begegnen mit anderen Fahrzeugen vermieden werden kann. Spurenbeseitigung ist eine zwangsläufige Notwendigkeit; dabei sind vor allem Fingerabdrücke und andere für den Feind wichtige Hinweise zu beseitigen. Mangelhafte Spurenbeseitigung ruft in unseren Reihen Nervosität hervor und ist oft vom Feind ausgenutzt worden.

Die Rettung der Verwundeten

DAS PROBLEM DER VERWUNDETEN in der Stadtguerilla verdient besondere Beachtung. Während der Aktionen der Stadtguerilla kann es schon einmal vorkommen, dass einer unserer Kameraden von der Polizei verwundet oder angeschossen wird. Wenn sich innerhalb einer Feuergruppe ein Guerillero mit Kenntnissen in Erster Hilfe befindet, so kann dieser den Verwundeten sofort behandeln. Der verwundete Stadtguerillero darf unter keinen Umständen am Kampfort oder in den Händen des Feindes zurückgelassen werden.

Wir müssen daher darauf achten, dass wir kleinere Kurse in Erster Hilfe für Männer und Frauen durchführen, in denen der Stadtguerillero die elementare Technik der Ersten Hilfe erlernt. Der Stadtguerillero, der zugleich entweder Arzt oder Medizinstudent, Krankenhelfer, Pharmazeut ist oder einfach sonst gute Kenntnisse über Erste Hilfe besitzt, ist eine der Notwendigkeiten des modernen revolutionären Kampfes. Von denen, die auf Grund ihrer Kenntnisse dazu in der Lage sind, ist dann ein Handbuch der Ersten Hilfe für den Stadtguerillero zu verfassen, das in hektographierten Blättern verteilt wird.

Bei der Planung und Ausführung der bewaffneten Aktion darf der Stadtguerillero auf keinen Fall die Organisation der ärztlichen Logistik vergessen. Dieses Problem kann durch ein bewegliches Poli-Klinikum gelöst werden, desgleichen kann eine ambulante Behandlungsstelle in einem Kraftfahrzeug von Nutzen sein. Eine andere Lösung ist die, dass Kameraden und Kameradinnen, die Krankenhelfer sind, in einem bestimmten Haus oder an einem bestimmten Ort mit ihren Instrumenten warten und die Verwundeten dann dorthin zu ihrer Behandlung gebracht werden. Das Ideale wäre, wenn wir eine gut ausgerüstete Klinik besäßen, aber dies würde sehr viel Geld kosten, es sei denn, wir könnten enteignetes Material verwenden.

Wenn die oben genannten Mittel nicht ausreichen, dann ist es oft notwendig, auf legale Kliniken zurückzugreifen, und dafür müssen eventuell die Waffen angewandt werden, um die Ärzte zu zwingen, unsere Verwundeten zu behandeln. Für den Fall, dass auf Blutbanken zurückgegriffen werden muss, um Blut oder Plasma zu kaufen, dürfen keine richtigen Adressen, und noch weniger jene Adressen hinterlassen werden, unter denen die Verwundeten, die sich in unserer Obhut befinden, tatsächlich gefunden werden könnten. Es dürfen auch niemals sonstige Adressen von Mitgliedern der Organisation, die sich bereits durch ihre Untergrundarbeit kompromittiert haben, an jene

Krankenhäuser und Krankenanstalten gegeben werden, in die wir unsere Verwundeten zur Pflege bringen. Diese Vorsichtsmaßnahmen sind unerlässlich, wenn wir auch die kleinste Spur und den geringsten Hinweis beseitigen wollen.

Die Häuser, in denen die Verwundeten untergebracht werden, dürfen niemandem bekannt sein, mit Ausnahme der kleinsten Gruppe von Kameraden, die die Aufgabe hat, sie zu verpflegen und zu transportieren. Laken, blutige Verbände, Arzneien und irgendein anderer Hinweis auf die Behandlung der im Kampf gegen die Polizei verwundeten Kameraden müssen anschließend unbedingt von dem Ort, an dem diese Kameraden ärztlich behandelt worden sind, weggeschafft werden.

Die Sicherheit des Guerillero

DER STADTGUERILLERO LEBT in ständiger Gefahr, weil immer die Möglichkeit besteht, entdeckt oder angezeigt zu werden. Das wichtigste Problem der Sicherheit ist, die Garantie zu haben, dass wir gut versteckt und gut geschätzt sind und mit Sicherheit verhindert werden kann, dass die Polizei bis zu unserem Unterkunftsort oder unserem Aufenthaltsort vordringt. Der schlimmste Feind des Stadtguerillero und die größte Gefahr, der er ausgesetzt ist, ist die Unterwanderung der Organisation durch Spione oder andere Personen, die der Polizei Hinweise über uns geben.

Ein Spion, der innerhalb unserer Organisation gefasst wird, muss mit dem Tod bestraft werden. Das Gleiche geschieht mit jenen, die desertieren und der Polizei erzählen, was sie wissen. Ein gutes Sicherheitssystem gibt das Bewusstsein, dass der Feind keine Agenten und Spione innerhalb unserer Mitte hat und dass er keine Informationen über uns erhalten kann, auch nicht auf indirektestem und entferntestem Wege. Die wichtigste Maßnahme, um dies sicherzustellen, ist die sorgfältige Prüfung von neuen Mitgliedern bei ihrer Aufnahme in die Organisation.

Es kann auch nicht zugelassen werden, dass sich alle gegenseitig kennen und jeder alles weiß. Jeder darf nur das kennen, was sich auf seine Arbeit bezieht. Diese Regelung ist ein wesentlicher Punkt für die Sicherheit des Stadtguerillero. Unser Kampf gegen den Feind ist ein schwerer und schmerzlicher Kampf, denn es handelt sich um einen Klassenkampf. Jeder Klassenkampf ist eine Sache von Leben und Tod, wenn die Klassen antagonistische Klassen sind. Der Feind möchte uns vernichten, und er strebt hartnäckig, uns zu entdecken und uns niederzuschlagen, da unsere große Waffe gegen ihn darin besteht, dass wir im Untergrund leben und ihn überraschend angreifen. Besonders ärgerlich ist es also, wenn ein Stadtguerillero sich aus mangelnder Vorsicht selbst verrät oder sich durch fehlende Aufmerksamkeit entdecken lässt. Es ist daher unzulässig, dass der Stadtguerillero seine eigenen oder irgendeine andere Untergrundadresse dem Feind gibt oder dass er ganz allgemein zu viel spricht. An den Rand von Zeitungen geschriebene Bemerkungen, vergessene Dokumente, Visitenkarten, Briefe oder Geldscheine sind Spuren, die die Polizei nur zu gern auswertet.

Adressbücher und Terminkalender, in denen Adressen und Telefonnummern aufgeschrieben werden, müssen abgeschafft werden, und es dürfen keine Papiere geschrieben oder aufgehoben werden. Aufstellungen von legalen oder illegalen Namen, biographische Hinweise, Stadtpläne, Straßen, Lagepläne oder Landkarten dürfen ebenfalls nicht verwahrt werden. Treffpunkte dürfen nicht notiert, sondern nur im Gedächtnis gespeichert werden. Der Stadtguerillero, der diese Normen nicht einhält, muss von dem ersten, der die Übertretung bemerkt, darauf hingewiesen werden, und im Falle der Wiederholung ist die weitere Zusammenarbeit mit ihm zu meiden.

Die Notwendigkeit für den Stadtguerillero, sich ständig zu bewegen, und zwar in relativer Nähe zur Polizei, da diese die Stadt an strategischen Punkten bewacht, bedingt die Einführung von flexiblen Sicherheitsmaßnahmen, die von den Bewegungen des Feindes abhängen. Hierzu ist es notwendig, ein tägliches Informationssystem über die beobachtbaren Bewegungen des

Feindes zu besitzen, also über plötzliche Razzien und Umzinge-
lungen der Polizei und über die Punkte und Engpässe, die von
dieser kontrolliert werden. Die tägliche Lektüre der Polizei
berichte in den Zeitungen ist dafür eine optimale Informations-
quelle. Das oberste Prinzip für die Sicherheit des Guerillero ist,
dass wir unter keinen Umständen auch nur die geringsten
Anzeichen von Nachlässigkeit oder Trägheit bei der Erfüllung
der Sicherheitsmaßnahmen und der Wachsamkeitsregeln zu-
lassen dürfen.

Die Sicherheitsmaßnahmen des Stadtguerillero müssen gerade
auch im Fall einer Festnahme eingehalten werden. Der verhaftete Guerillero darf der Polizei nichts verraten, was die Organisation schädigen könnte. Er darf nichts sagen, was die Festnahme von anderen Kameraden, die Entdeckung von Adressen und
Verstecken, den Verlust von Waffen und Munition usw. zur
Folge haben könnte.

Die sieben Sünden des Stadtguerillero

AUCH DANN, wenn der Stadtguerillero mit großer Exaktheit die
revolutionäre Technik anwendet und die Sicherheitsregeln genau
erfüllt, ist er nicht vor Fehlern gefeit. Es gibt keinen perfekten
Stadtguerillero. Das einzige, was getan werden kann, ist, sich zu
bemühen, den Spielraum der Fehler möglichst klein zu halten,
denn Perfektion kann nicht erreicht werden. Ein Mittel, das wir
bei der Einengung des Fehlerspielraums anwenden können,
besteht darin, die sieben Sünden des Stadtguerillero zu kennen
und sie zu bekämpfen.

Die erste Sünde des Stadtguerillero ist die Aktion trotz Unerfahrenheit. Der Stadtguerillero, der diese Sünde begeht, glaubt,
dass der Feind dumm ist, unterschätzt seine geistige Wendigkeit,
glaubt, dass die Aktionen leicht durchzuführen sind und
hinterlässt Spuren mit katastrophalen Folgen. Infolge seiner

Unerfahrenheit kann der Stadtguerillero die Kräfte des Feindes aber auch überschätzen und ihn daher für stärker halten, als er tatsächlich ist. Lässt er sich von dieser Annahme irreleiten, dann kann er sich leicht einschüchtern lassen und wird unsicher und unentschlossen, gelähmt und ohne Initiative.

Die zweite Sünde des Stadtguerillero ist die, mit den von ihm ausgeführten Aktionen anzugeben und sie in alle vier Himmelsrichtungen auszuposaunen.

Die dritte Sünde des Stadtguerillero ist die, dass er übermütig und ichbezogen wird. Der Stadtguerillero, der dieser Sünde erliegt, versucht die Probleme der Revolution dadurch zu lösen, dass er Aktionen in der Stadt auslöst, ohne sich dabei um das Erwachen und das Überleben der Guerilla auf dem Lande zu kümmern. Von den erreichten Erfolgen geblendet, organisiert er eine Aktion, die er für entscheidend hält und in der er alle Mittel und Kräfte der Organisation aufs Spiel setzt. Da die Stadt ein Gebiet innerhalb der strategischen Umzingelung durch die Kräfte der Repression ist, die wir verhindern oder durchbrechen können, wenn die Landguerilla noch nicht entfaltet oder für den Sieg stark genug ist, wird dann der Fehler begangen, der dem Feind den entscheidenden Angriff auf uns erlauben wird.

Die vierte Sünde des Stadtguerillero ist es, seine eigenen Kräfte zu überschätzen und daher Aktionen durchführen zu wollen, deren Voraussetzungen er noch nicht erfüllen kann, da er noch nicht über eine geeignete Infrastruktur verfügt.

Die fünfte Sünde des Stadtguerillero ist die Voreiligkeit. Der Stadtguerillero, der dieser Sünde erliegt, verliert die Geduld, wird nervös, kann nicht abwarten und wirft sich daher stürmisch in die Aktionen, in denen er notwendigerweise unerwartete Rückschläge erwarten muss.

Die sechste Sünde des Stadtguerillero ist, den Feind dann anzugreifen, wenn dieser gerade besonders gereizt und wütend ist.

Die siebte Sünde des Stadtguerillero besteht darin, die Aktionen nicht genau zu planen und sich auf die Improvisation zu verlassen.

Die Unterstützung des Volkes

ES MUSS EINE STÄNDIGE SORGE des Stadtguerillero sein, sich mit der Sache des Volkes zu identifizieren, um dessen Unterstützung zu gewinnen. Wo sich die Handlungsweise der Regierung als korrupt entpuppt, darf der Stadtguerillero mit seinem Auftreten nicht zögern, und er muss zeigen, dass er die Regierung bekämpft, um so die Sympathien der Massen zu gewinnen.

Die jetzige Regierung erlegt dem Volk schwere finanzielle Bürden auf und verlangt die Zahlung von hohen Steuern. Der Stadtguerillero muss das System der Steuereinziehung angreifen und die Aktivität der Finanzbehörden behindern, indem er gegen sie das gesamte Gewicht der revolutionären Gewalt richtet. Aber der Stadtguerillero wendet sich nicht nur gegen die Steuern und das Einziehungssystem. Es ist genauso wichtig, dass die revolutionäre Gewalt auch die für die Erhöhung der Preise zuständigen Organe der Regierung, der für diese Organe verantwortlichen Personen wie auch die reichsten in- und ausländischen Händler und Grundstücksbesitzer erreicht; die Gewalt muss also gegen alle angewendet werden, die riesige Gewinne aus der Verteuerung der Lebenshaltung, durch die Hungerlöhne und durch die Mieterhöhungen scheffeln.

Die ausländischen Trusts, wie z. B. die Besitzer von Kühlanlagen, und die nordamerikanischen Unternehmen, die die Herstellung und Verteilung der Nahrungsmittel monopolisieren, müssen vom Stadtguerillero systematisch angegriffen werden. Die Rebellion des Stadtguerillero und seine ständige Parteinahme in den Angelegenheiten des Volkes sind die besten Mittel, die Unterstützung des Volkes für unsere Sache zu gewinnen. Wir wiederholen und betonen nochmals: Es ist die beste Form, die Unterstützung des Volkes zu gewinnen. Von dem Augenblick an, von dem ein angemessener Teil der Bevölkerung ernsthaft an den Aktionen des Stadtguerillero teilzunehmen beginnt, ist der Erfolg gesichert.

Für die Regierung gibt es dann keine andere Wahl, als ihre Unterdrückungsmaßnahmen zu verstärken. Polizeirazzien, Hausdurchsuchungen, Verhaftungen von Unschuldigen und Verdächtigen, Absperren von Autobahnen und Landstraßen machen das Leben in der Stadt unerträglich. Die Militärdiktatur beginnt eine massive politische Verfolgung. Die politischen Morde und der Polizeiterror werden zu einer Routineerscheinung. Trotzdem wird die Polizei bei dieser Ausgangslage ständig scheitern. Die Kräfte des Heeres, der Marine und der Luftwaffe müssen mobilisiert werden, um von nun an die Polizeifunktionen zu übernehmen. Aber dennoch gelingt es ihnen nicht, Spuren zu finden, die Operationen der Stadtguerilleros zu unterbinden oder die revolutionäre Organisation zu zerschlagen, da diese in kleine Gruppen unterteilt ist, die sich innerhalb des nationalen Gebietes ständig bewegen und den Brand ständig weiter entfachen.

Das Volk weigert sich, mit den Behörden zu kollaborieren, und es entsteht ein allgemeines Gefühl der Empörung über die Ungerechtigkeit der Regierung und ihre Unfähigkeit, den Schwierigkeiten nicht mit anderen Mitteln beikommen zu können als dadurch, ihre Opponenten physisch zu liquidieren. Die politische Situation des Landes verwandelt sich in eine militärische, in der das Militär sich immer mehr als die Verantwortlichen für die Fehlschläge und die Anwendung von Gewalt herauskristallisieren, während gleichzeitig die Verschlechterung der Lebensbedingungen des Volkes katastrophale Ausmaße annimmt.

Aber jetzt tauchen die Beschwichtiger auf, die es immer in den herrschenden Klassen gibt, und die rechtslastigen Opportunisten, die für den friedlichen Kampf sind. Sie sehen die Militärs und die Diktatur am Rande des Abgrunds und fürchten nun die Folgen des revolutionären Krieges, der sich dann schon auf einer entwickelten und nicht mehr rückgängig zu machenden Stufe befindet. Hinter den Kulissen beginnen sie mit ihren Machenschaften und bitten die Henker um Wahlen, um eine

Re-Demokratisierung, um Verfassungsreformen und andere Zutaten, die die Massen betrügen und den revolutionären Kampf der Städte und des Landes bremsen sollen. Doch das Volk hat jetzt seinen Blick auf die Revolutionäre gerichtet, und es versteht nun, dass es eine Farce ist, an Wahlen teilzunehmen, deren einziges Ziel es ist, das Weiterleben der Militärjunta zu garantieren und ihre Morde zu sanktionieren.

Mit dem offenen Angriff auf diese Wahlfarce und die sogenannte »politische Öffnung«, die den Opportunisten so sehr gefällt, muss der Stadtguerillero noch aggressiver und gewalttätiger werden und unaufhörlich auf Sabotage, Terrorismus, Enteignung, Überfälle, Entführungen, Hinrichtungen usw. zurückgreifen. Dies vereitelt jeden Versuch, die Massen durch die Öffnung des Kongresses und durch die Reorganisation von Parteien, der sowohl die Regierung als auch die Opposition zustimmt, zu betrügen. Zumal gerade das Parlament und diese Parteien dazu berufen sind, nur im Rahmen von Gnade und Erlaubnis der Militärdiktatur zu funktionieren, ein grandioses gemischtes Spektakel aus Marionettentheater und dressierten Hunden.

Um das Volk zu gewinnen, muss der Stadtguerillero weiter kämpfen und dabei die inneren Interessen der Massen berücksichtigen; gleichzeitig muss er die Umstände für die Regierung immer unerträglicher machen. Diese für die Diktatur ausweglose Situation erlaubt den Revolutionären dann, die Guerilla auf dem Lande zu entfalten, während in der Stadt die Rebellion für Autoritäten immer weniger kontrollierbar wird. Der Stadtguerillero führt die revolutionäre Aktion zugunsten des Volkes aus, sucht durch sie Massen für den Kampf gegen die Militärdiktatur und für die Befreiung des Landes vom Joch der USA zu gewinnen. Indem wir von der Stadt ausgehen und die Unterstützung des Volkes dort gewinnen, wird die Stufe der Landguerilla schnell erreicht und deren Infrastruktur sorgfältig aufgebaut, während in den Städten die Rebellion weitergeht.

Die Stadtguerilla, Auswahlschule des Guerillero

DIE REVOLUTION ist ein gesellschaftliches Ereignis, das von Menschen, Waffen und Material abhängt. Waffen und Material sind im Lande vorhanden und können erbeutet werden, aber dazu ist man auf Menschen angewiesen. Ohne sie haben weder Waffen noch irgendwelches Material irgendeinen Sinn. Die Menschen müssen ihrerseits in jedem Fall zwei wesentliche Voraussetzungen erfüllen:

1. sie müssen eine politisch-revolutionäre Handlungsmotivation haben

2. sie müssen eine geeignete technisch-revolutionäre Ausbildung besitzen

Wir finden Männer mit politisch-revolutionärer Handlungsmotivation im riesigen unverkennbaren Kontingent der Feinde der Diktatur und der Herrschaft des US-Imperialismus überall im Land. Diese Männer ergänzen fast täglich die Stadtguerilla, und das ist der Grund dafür, dass die Reaktion nicht mehr täglich die Vernichtung der revolutionären Gruppen meldet, um am nächsten Tag nicht erneut zugeben zu müssen, dass sie gegen sie kämpfen muss. Die besttrainierten und erfahrensten Männer, die gleichzeitig an der Stadt- und an der Landguerilla teilnehmen, bilden das Rückgrat des revolutionären Krieges und somit der brasilianischen Revolution. Aus diesem Rückgrat entwickelt sich der Kern des revolutionären Heeres der Nationalen Befreiung, das aus der Guerilla hervorgeht.

Es ist dies ein innerer Kern, in dem Bürokraten und Opportunisten, die sich in den Apparaten verstecken, leere Schwätzer und Schreiberlinge von Resolutionen, die auf dem Papier bleiben, keinen Platz finden. Dieser Kern besteht aus Kämpfern. Er besteht aus den Männern und Frauen, die vom ersten Moment an zu allem entschlossen und bereit waren; die persönlich an den revolutionären Aktionen teilnehmen, die weder schwanken noch leere Worte machen. Es ist ein geschulter und disziplinierter Kern, der eine große strategische und taktische Übersicht besitzt, die sich auf die Anwendung der marxistischen Theorie, der Theorie des Leninismus und der Theorien von Castro und Che Guevara auf die konkreten Verhältnisse der brasilianischen Realität gründet. Dieser Kern führt die Rebellion durch die Etappe der Guerilla. Aus ihm werden Männer und Frauen mit einer politisch-militärischen Bildung, die von nun an eine unzertrennliche Einheit bildet, hervorgehen, und sie werden in der Zukunft die Aufgabe übernehmen, nach dem Sieg der Revolution den Aufbau der neuen brasilianischen Gesellschaft zu führen.

Unter den Frauen und Männern, die die Stadtguerilla von nun an auswählt, sind Arbeiter, Campesinos[11], die die Stadt als Arbeitskräfte angezogen hat, und die sowohl in politischer als auch technischer Hinsicht vorbereitet aufs Land zurückkehren; es sind Studenten, Intellektuelle und Geistliche. Dies ist das Material, mit dem, ausgehend von der Stadtguerilla, die bewaffnete Allianz von Arbeitern und Bauern, Studenten, Intellektuellen und Geistlichen aufgebaut wird.

Die Arbeiter besitzen die notwendigen Kenntnisse über die industrielle Sphäre, und sie sind daher für revolutionäre Aufgaben in der Stadt optimal geeignet. Der Arbeiter-Stadtguerillero nimmt am jetzigen Kampf durch die Herstellung von Waffen teil, durch die Sabotage und die Vorbereitung von Sabotage und Dynamitaktionen, durch die persönliche Teilnahme an den bewaffneten Aktionen oder durch das Organisieren von Streiks und Arbeitsniederlegungen mit Anwendung von Gewalt auf der Seite der Massen in Fabriken, Werken oder anderen Arbeitsstätten.

Die Campesinos besitzen eine hervorragende Intuition für das Terrain, die Schlauheit, dem Feind zu begegnen und die Verfassung und Einstellung, die notwendig ist, mit den Massen

---

[11] Bauern ohne eigenen Grundbesitz

der Gedemütigten zu kommunizieren. Der Campesino-Guerillero nimmt bereits an unserem Kampf teil, und er ist es, der die Guerillaachsen darstellt, der Stützpunkte auf dem Land errichtet, Verstecke für Personen, Waffen und Munition sowie Nahrungsmittel ausfindig macht; die Saat und die Einbringung von Getreide für den Bedarf der Guerilla organisiert, der die Orte auswählt, an denen das Vieh gezüchtet und die Reittiere ausgebildet und einsatzbereit gemacht werden, der die Führer für die Guerilleros aus der Stadt aussucht und der ein Informationssystem auf dem Land aufbaut.

Die Studenten bringen schon von sich aus genügend politische Schroffheit und Rohheit mit, um sämtliche Tabus zu brechen. Wenn sie sich der Stadtguerilla anschließen, wie es jetzt in großem Maße der Fall ist, dann zeigen sie spezielles Talent für die Ausübung der revolutionären Gewalt, und sie erreichen gewöhnlich einen hohen politisch-militärischen Ausbildungsstand. Die Studenten verfügen über viel Freizeit, da sie systematisch durch die Diktatur von ihren Schulen getrennt, zeitweilig oder ganz ausgeschlossen werden, und diese Zeit kann in sehr vorteilhafter Weise der Revolution zur Verfügung gestellt werden.

Die Intellektuellen bilden die Vorhut des Widerstands gegen die Willkür, gegen die soziale Ungerechtigkeit und gegen die schreckliche Unmenschlichkeit der Diktatur. Sie geben der Revolution ständig neue Impulse, und sie haben ein riesiges Kommunikationspotential und großen Einfluss auf das Volk. Der intellektuelle Stadtguerillero und der Künstler-Stadtguerillero sind die neuesten Bereicherungen des revolutionären Krieges in Brasilien.

Die Geistlichen, d. h. die Pfarrer und Priester der verschiedensten Hierarchien und Konfessionen, stellen einen Sektor mit einer besonderen Kommunikationsfähigkeit zum Volk dar, insbesondere zu den Arbeitern, den Bauern und den Frauen. Der geistliche Stadtguerillero ist ein sehr aktives Mitglied des brasilianischen revolutionären Krieges, und er stellt eine mächtige Waffe im Kampf gegen die militärische Macht und die Macht des nordamerikanischen Imperialismus dar. Die Teilnahme der brasilianischen Frauen am revolutionären Krieg und hauptsächlich ihre Teilnahme an der Stadtguerilla ist durch unübertreffliche Kampfbereitschaft und Ausdauer gekennzeichnet, und daher ist es nicht zufällig, warum so viele Frauen wegen ihrer Teilnahme an Guerilla-Aktionen an Banken, Kasernen usw. angeklagt worden sind, sich viele von ihnen in den Kerkern befinden und viele von der Polizei gesucht werden.

Die Stadtguerilla ist eine Schule der Selektion, und sie bildet sowohl Männer als auch Frauen aus. Beide müssen in ihr die gleiche Verantwortung und das gleiche Effizienzniveau erreichen; sie müssen die gleichen Gefahren teilen, indem sie für die Versorgung der Stadtguerilla sorgen, indem sie als Kuriere, als Kraftfahrer, Matrosen oder Flugzeugführer agieren, indem sie geheime Informationen beschaffen, indem sie Propagandaarbeit leisten und an der politischen Schulung teilnehmen.

Carlos Marighella, Juni 1969

Widmung

Ich möchte dieser Arbeit eine doppelte Widmung geben: zunächst in Erinnerung an Edson Souto, Marco Antônio Brás de Carvalho, Nelson José de Almeida (›Escoteiro‹) und so viele andere heldenhafte Kämpfer und Stadtguerillas, die den Schergen der Militärpolizei, der Armee, der Luftwaffe, der Marine in die Hände fielen, oder der DOPS (Abteilung für öffentliche und soziale Ordnung) – jenen verhassten Repressionsinstrumenten der Militärdiktatur.

Zweitens an die tapferen Kameraden – Männer und Frauen –, die in den mittelalterlichen Kerkern der brasilianischen Regierung eingesperrt und Folterungen ausgesetzt waren, die den entsetzlichen Verbrechen der Nazis gleichkommen oder diese übertreffen. Es ist unsere Pflicht, genau das zu tun, was jene unsere Kameraden, deren Andenken wir hochhalten, und jene, die im Kampf verhaftet wurden, getan haben: nämlich zu kämpfen.   C. M.